河合塾
SERIES

マーク式基礎問題集 情報Ⅰ

米田謙三・木村剛隆・田中忠司
佐藤 豪・大西 洋
…[共著]

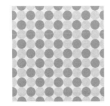

河合出版

はじめに

本書は，2025年度より大学入学共通テストで出題される「情報Ⅰ」の理解を深めるための，マーク式で解答する形式の問題を掲載した問題集です。

情報科は2003年に新設された教科ですが，以前は「副教科」などと呼ばれ，国語や数学などの「主要教科」と呼ばれる教科とは区別されてきました。しかし，「情報の科学的な理解」は現代の情報社会における必須の素養となり，情報科は単にパソコンの使い方を教える「パソコン教室」から，本来の情報学を学ぶ教科に変化しつつあります。もはや情報科は「副教科」ではありません。「情報Ⅰ」を通して，すべての高校生が，情報学の視点から現代社会の本質を捉え，現代社会に山積する問題を解決する能力を身につけることが求められています。

「情報Ⅰ」は問題解決を中核とする構造になっており，次の4つの領域があります。

- 問題解決の基礎を扱う **(1) 情報社会の問題解決**
- 情報デザインによる問題解決を扱う **(2) コミュニケーションと情報デザイン**
- プログラミングによる問題解決を扱う **(3) コンピュータとプログラミング**
- データの分析による問題解決を扱う **(4) 情報通信ネットワークとデータの活用**

これらの学びと並行して，情報関係の法制度やセキュリティ，情報モラル，コミュニケーションの基本的な考え方，コンピュータ上でのデータの表現や計算の方法，ネットワークの仕組みなども学びます。

大学入学共通テストでも「情報Ⅰ」の内容を踏まえ，「日常的な事象や社会的な事象」を題材として，「情報の科学的な理解」に基づき「問題の発見・解決」に向けて考察する問題が出される方針が示され，試作問題が公表されています。大学入学共通テストの「情報Ⅰ」は，国立大学のほぼすべてと公立大学の大半で必須となり，私立大学でも「情報Ⅰ」の得点を利用可能な大学が多くなる見通しです。

「情報Ⅰ」の試験に挑むには，他の入試科目と同様に，入念な準備が必要となります。本書を学校の授業や模試と併用しながら，計画的に学習を進めていきましょう。

本書の使い方

　本書は，学校の授業で情報Ⅰを学ぶのと同時に，あるいは情報Ⅰを一通り学んだ後に，模試や入試の準備として活用されることを想定して，基礎問題を中心に掲載しました。

　解答時間や調べ物の制約はありませんので，問題文中に知らない用語や考え方がある場合は，教科書やWebを使って調べながら解いても構いません。また，選択肢のうちから正解と思われるものを見つけるだけで満足するのではなく，他の選択肢についても吟味し，すべての選択肢に対して明確な根拠を持って正誤を判断できることを目指してください。

　本書に取り組んだ後は，模試などで経験を積み，実際の入試に向けて準備しましょう。

※本書の作成分担は次の通りです。
問題の原案を全員で作成した上で，米田が全体を監修し，第1章は木村，第2章・第3章（3.1）は田中，第3章（3.2〜3.5）は佐藤，第4章は大西が修正を主に担当し，各章の問題の妥当性を全員で確認しました。

目次

| 第1章 | 第2章 |
| 第3章 | 第4章 |

情報社会の問題解決

全70問

　本章では，以降の章で扱う内容の基本となる概念や事項を扱った上で，問題解決における基本的な考え方や方法を扱います。本章の内容は，単体で大問となることは少なく，第2章〜第4章に関する問題における問題解決に関連して，基礎事項を問われることが多いと考えられます。

　そこで本章では，情報の概念や問題解決の手法，情報に関する法制度，情報セキュリティを確保する上での留意点についての基礎を確認する問題を掲載しています。

目標

☐ 「情報」という概念や，情報の特性を理解する。

☐ 問題解決の考え方や，問題解決の流れや方法を理解する。

☐ 知的財産や個人情報に関する法制度の目的や，各種の権利を理解する。

☐ 個人情報やセキュリティに関する問題と基本的な対策，情報セフルの考え方を理解する。

1　情報やメディアの特性

問1　情報に関する説明として，最も適当なものを，次の **⓪** ～ **③** のうちから一つ選べ。

⓪　情報とは，データを目的に応じて整理し，意味や価値を付加したものである。

①　情報とは，事実や事柄などを数字や文字，記号を用いて表したものである。

②　情報とは，事実や事柄などを様々な方法で分析し，問題解決に役立つように蓄積したものである。

③　情報とは，事実や事柄などを様々な方法で分析した上で，新たな価値を創造するものである。

問2　情報の特性に関する説明として，**適当でないもの**を，次の **⓪** ～ **③** のうちから一つ選べ。

⓪　情報はメディアを媒介にして容易に複製できる。

①　情報はものに比べて短時間に広く伝播させることが可能である。

②　情報は受け手の状況や表現の仕方に関わらず，その解釈は一義的である。

③　情報には形がないため，他人に伝えても消費されることはない。

問3　情報の分類に関する説明として，最も適当なものを，次の **⓪** ～ **③** のうちから一つ選べ。

⓪　0と1だけで表したデジタル情報など，意味する内容が切り離され，記号だけが独立した情報を「機械情報」という。

①　自然界にある音や光，温度など連続的な値で変化する情報を「自然情報」という。

②　言葉やジェスチャーなど，コミュニケーションで用いられる情報を「生命情報」という。

③　気温の高低などの刺激を感知したことで神経系に生じる信号のように，生命の内部に生じる情報を「社会情報」という。

問4　情報の信憑性を評価する上で最も重要なものを，次の**⓪**～**③**のうちから一つ選べ。

    ⓪　情報の主観的な解釈
    ①　情報のエンタテインメント性
    ②　情報を解釈するときの文脈
    ③　情報の発信元の信頼度

問5　情報の主観性からいえることとして，最も適当なものを，次の**⓪**～**③**のうちから一つ選べ。

    ⓪　データの信憑性が向上する。
    ①　データの解釈が統一される。
    ②　データの客観性が保たれる。
    ③　データの解釈に偏りが生じる。

2　問題の発見・解決，問題解決の振り返りと改善

問6　問題解決における「問題」の定義として，最も適当なものを，次の⓪～③のうちから一つ選べ。

⓪　答えが1つしかないもの
①　理想と現実のギャップから生じるもの
②　教師から提示されるもの
③　なにか自分にとって悪いことが生じるもの

問7　科学的な根拠に基づいた問題解決の特徴として，最も適当なものを，次の⓪～③のうちから一つ選べ。

⓪　問題点の明確化ができない。
①　問題の重要度が低下する。
②　解決策の効果が予測可能になる。
③　思考の広がりと深まりが阻害される。

問8　科学的な根拠に基づく問題解決の利点として，最も適当なものを，次の⓪～③のうちから一つ選べ。

⓪　個人の主観に頼らない客観的な判断が可能となる。
①　問題を複雑化させることができる。
②　問題の重要度が低下する。
③　解決策の選択肢が制限できる。

問9　国や学術機関からの助成を受けた問題解決の成果を発信するとき，最も適当なもの
を，次の **⓪**～**③** のうちから一つ選べ。

⓪　成果を自分だけで享受すること
①　成果を秘密にすること
②　成果を広く共有すること
③　成果を個人の評価に利用すること

問10　次の**ア**～**カ**は問題解決の流れについての説明である。最も適当な順番に並べたも
の を，後の **⓪**～**③** のうちから一つ選べ。

ア　問題の解決策を洗い出し，解決策を確定する。
イ　結果の成否などからプロセスを振り返る。
ウ　問題は何か，また，何が目標か把握する。
エ　実行計画を立て，実施する。
オ　情報を発信し，共有することで次の機会に生かす。
カ　問題を整理し，分析するなどして，その原因を探る。

⓪　ウ－カ－ア－エ－イ－オ
①　ウ－ア－カ－イ－エ－オ
②　ウ－カ－ア－イ－エ－オ
③　ウ－ア－エ－カ－イ－オ

問11　問題解決においてゴールの想定を行う目的として最も適当なものを，次の **⓪**～**③**
のうちから一つ選べ。

⓪　問題の重要度を低下させるため
①　解決策の実施を早めるため
②　チームワークの向上を促進するため
③　方向性を明確にし，解決に向けた取り組みを進めるため

問12　問題解決において振り返りと改善を行う目的として，最も適当なものを，次の⓪
　　　～③のうちから一つ選べ。

⓪　達成したゴールを確認するため
①　問題の重要性を再認識するため
②　問題解決のプロセスを評価し，改善点を見つけるため
③　成果の発信を遅延させるため

問13　問題解決において思考の広がりを促すための方法として，最も適当なものを，次
　　　の⓪～③のうちから一つ選べ。

⓪　既存のアイデアに固執すること
①　他人の意見を無視すること
②　水平思考を養うこと
③　新たな情報を無視すること

問14　次の文章は問題解決に関する説明である。空欄 ア ～ エ に入れる語の組合せ
　　　として最も適当なものを，後の⓪～③のうちから一つ選べ。

　　計画を立てる際は，問題の明確化が必要である。現状を把握し，理想の状態を考え
るためにも，情報通信技術を活用した ア が欠かせない。情報の特性をしっかりと
意識しながら，Webサイトで情報を集め，いろいろな組織や機関からデータを入手
し分析するとよい。他人が発信した情報を活用するだけでなく，自ら直接観察をした
り， イ やインタビューを行ったりしてデータを得ることも有効である。
　　このようにして獲得したデータは，数値をグラフ化したり，比較できる図を用いた
りして ウ するとよい。そうすることで，根拠を元に判断できたり，今まで気づか
なかったことに気づいたりして，新たな考え方が生まれてくることもある。データを
分析するには，考えを整理するのに役立つ エ を用いることも考えられる。

⓪　ア　解決策の実行　イ　ワークショップ　ウ　抽象化　エ　プロトタイプ
①　ア　情報の収集　　イ　アンケート調査　ウ　可視化　エ　思考ツール
②　ア　情報の収集　　イ　生成AIの活用　　ウ　抽象化　エ　SNS
③　ア　解決策の実行　イ　アンケート調査　ウ　構造化　エ　ユニバーサルデザイン

問 15　次の文章を読み，この文章に続く問題解決の流れを述べた**ア〜カ**の記述を最も適当な順番に並べたものを，後の⓪〜③のうちから一つ選べ。

　　文化祭実行委員の A さんが高校の文化祭で企画しているカラオケ大会には，現時点で 5 名の参加申込がある。しかし，少なくとも 10 名の参加者を集めたいと考えている。

ア　少なくとも 5 名の追加申込を募ることにした。

イ　文化祭実行委員会の了承の上，体育館で開催し，豪華賞品を提供することに決めた。

ウ　友人にアンケートを取ったところ，「カラオケは好きだが，教室開催のため観客が少ない」「賞品が豪華でない」との意見が多いことが分かった。

エ　カラオケ大会を開催し，大盛況であった。観客と参加者にアンケートを実施し，次年度の引き継ぎ事項として文化祭実行委員会にレポートを提出した。

オ　申込締切日までに 10 名の追加申込があった。

カ　「体育館で開催」「豪華賞品を提供」が分かるポスターを校内の掲示板に掲示した。また，昼休みに校内放送で参加者募集の告知をした。

⓪　ア－カ－イ－オ－ウ－エ
①　ア－ウ－イ－オ－カ－エ
②　ア－カ－イ－ウ－オ－エ
③　ア－ウ－イ－カ－オ－エ

問16 ア〜エの説明と PDCA サイクルのプロセスとの組合せが，最も適当なものを，後の ⓪ 〜 ③ のうちから一つ選べ。

A さんは，夏休みに家族と登山をしようと考えている。

ア 計画に沿って，決定した山へ行った。

イ 家族の予定と希望を確認し，7月30日にどこの山へどのように行くか，計画を立てた。

ウ 今日行った山はどうだったかふり返った。

エ 今度は別の山へ行くことにした。

⓪ ア Do 　　イ Check 　　ウ Act 　　エ Plan
① ア Check 　　イ Plan 　　ウ Act 　　エ Do
② ア Act 　　イ Do 　　ウ Plan 　　エ Check
③ ア Do 　　イ Plan 　　ウ Check 　　エ Act

問17 次の文は問題解決に用いることができるツールに関する説明である。説明が表すものとして，最も適当なものを，後の ⓪ 〜 ③ のうちから一つ選べ。

ある事柄に対しての問題や原因など，その事柄を構成している要素を，論理関係が明瞭になるよう枝の形のように関連づけて書き出す方法である。

⓪ イメージマップ 　　① PERT 図
② ロジックツリー 　　③ マトリックス

問 18　次の文章は問題解決に用いることができるツールに関する説明である。説明が表すものとして最も適当なものを，後の⓪〜③のうちから一つ選べ。

　　プロジェクトの進捗を管理するため，各工程のスケジュールを示した図のことである。この図を共有することでプロジェクトメンバーがお互いの役割や全体像を理解することができる。

⓪　フローチャート　　①　ガントチャート
②　ベン図　　　　　　③　ピラミッドチャート

問 19　ブレインストーミングの説明として最も適当なものを，次の⓪〜③のうちから一つ選べ。

⓪　アイデア同士をつなげて思考を収束させる時に活用する方法
①　相手から出たアイデアを批判的に捉えて，よりよいアイデアにアップデートする方法
②　アイデアの量を意識して，アイデア同士をつなげながら，複数人で話し合いをする方法
③　アイデアの質を意識して，複数人で話し合いをする方法

3　情報に関する法や制度

問20　次の文章の空欄 ア ～ エ に入れる語句の組合せとして，最も適当なものを，後の ⓪ ～ ③ のうちから一つ選べ。

　　知的な創作活動によって商品や技術を生み出した人や法人を一定期間守るための権利を ア という。 ア は大きく2つに分けることができ，1つは企業の発明や商品のデザインなどを独占的に利用できる権利の イ である。もう1つは，学術的・芸術的な創作物を保護する権利の ウ である。 ウ は私たちが，絵を描いたり，文章を書いたりすることで自然に発生するという， エ に基づく権利である。

⓪　ア　知的財産権　　イ　著作権　　　　ウ　産業財産権　　エ　方式主義
①　ア　知的財産権　　イ　産業財産権　　ウ　著作権　　　　エ　無方式主義
②　ア　産業財産権　　イ　著作権　　　　ウ　知的財産権　　エ　方式主義
③　ア　産業財産権　　イ　知的財産権　　ウ　著作権　　　　エ　無方式主義

問21　次のア～エを保護する権利の名称の組合せとして，最も適当なものを，後の ⓪ ～ ③ のうちから一つ選べ。

ア　商品に使用するマーク
イ　産業上，高度な発明
ウ　商品自体のデザイン
エ　物品の構造や小発明

⓪　ア　特許権　　　　イ　実用新案権　　ウ　商標権　　　　エ　意匠権
①　ア　意匠権　　　　イ　商標権　　　　ウ　実用新案権　　エ　特許権
②　ア　商標権　　　　イ　特許権　　　　ウ　意匠権　　　　エ　実用新案権
③　ア　実用新案権　　イ　意匠権　　　　ウ　特許権　　　　エ　商標権

問22　「実用新案権」で保護される例として**適当でないもの**を，次の**⓪**～**③**のうちから一つ選べ。

⓪　朱肉やスタンプ台を使わずに押せるフタ付きのプラスチック製ハンコ
①　シートを取り替えできる掃除用のモップ
②　箱の内部にミシン目があり，簡単に押しつぶすことができるティッシュ箱
③　新型感染症のワクチン

問23　知的財産権の中で，保護期間を延長することができるものを，次の**⓪**～**③**のうちから一つ選べ。

⓪　商標権　　①　特許権　　②　実用新案権　　③　意匠権

問24　著作権についての記述として最も適当なものを，次の**⓪**～**③**のうちから一つ選べ。

⓪　著作権法の目的は，著作者の権利の保護と著作物の公正な利用の2つをバランスよく保ち，文化の発展を目指すことである。
①　著作者は著作物を作成した時点で著作者人格権と著作隣接権をもつ。
②　著作物の定義から，コンピュータプログラムは著作権の保護対象ではないことが分かる。
③　著作権の保護期間は著作物を公表してから70年と決まっている。

問25　クリエイティブ・コモンズ・ライセンスの説明として，最も適当なものを，次の**⓪**～**③**のうちから一つ選べ。

⓪　著作者の意に反して内容を改変されない権利
①　インターネット時代の新しい著作権のルールで作品を公開する著作者が意思表示をするツール
②　大学の図書館などに多くあり，情報通信環境が整っていて，グループ学習などを促進する設備が整っている場所
③　著作者の名誉や作品への想いを保護するためのもので，第三者への譲渡や売買をすることができないもの

問26 パブリックドメインになる著作物の説明として，最も適当なものを，次の⓪～③のうちから一つ選べ。

⓪ 著作物の権利が発生してから50年が経ち，権利が消失した著作物
① 著作者の死後70年が経ち，権利が消失した著作物
② 著作者が権利を申請してから，50年が経ち，権利が消失した著作物
③ 著作権者が著作物として認めてから70年が経ち，権利が消失した著作物

問27 次のア～ウのクリエイティブ・コモンズ・ライセンスのマークが表すものの組合せとして最も適当なものを，後の⓪～③のうちから一つ選べ。

ア	イ	ウ

⓪ ア 表示　イ 非営利　ウ 改変禁止
① ア 継承　イ 営利　ウ 改変禁止
② ア 継承　イ 非営利　ウ 改変可能
③ ア 表示　イ 営利　ウ 改変可能

問28 引用の要件として**適当でないもの**を，次の⓪～③のうちから一つ選べ。

⓪ 引用される必然性があること
① 引用の部分とその他の部分が明瞭に区別できること
② 引用の後に引用した文章の著作者に敬意を表す表現を含めること
③ 引用される部分が主ではないこと

問29　引用における「公正な慣行」として最も適当なものを，次の⓪〜③のうちから一つ選べ。

⓪　必ず対となる反論を記す。

①　引用する文章における，引用箇所の直前と直後をそれぞれ 6 字以上記す。

②　同じ意見なら「同意」，異なる意見なら「対意」と明記する。

③　引用部分の内容を変更しない。

問30　引用に関する記述として，最も適当なものを，次の⓪〜③のうちから一つ選べ。

⓪　他人が書いたレポートが自分と同意見であったため，コピーした上で，自分が書いたように記して提出した。

①　レポート作成の際，引用箇所が多かったので出典を省略した。

②　レポート作成の際に Web 上の記事から引用したので，出典として URL と閲覧した年月日を記した。

③　まとめサイトは多くの情報がわかりやすくまとまっているため，レポート作成時の引用元として有用である。

問31　学校での著作物の利用に関する次の文章の空欄 ｜ア｜ 〜 ｜オ｜ に入る語句の組合せとして最も適当なものを，後の⓪〜③のうちから一つ選べ。

　学校教育での著作物について定めた著作権法第 35 条 1 項では，「必要とされる限度において，公表された著作物を ｜ア｜ することができる」との定めがあり，学校の授業における著作権の一部が制限されているが，インターネットを経由して著作物を提供する場合は ｜イ｜ であった。そこで，2018 年に著作権法が改正され，教育機関の ｜ウ｜ が保証金を支払うことにより，事前の ｜エ｜ インターネット経由での授業においても著作物を利用できるようになった。ただし著作者の利益を不当に害する利用は ｜オ｜ ことに注意が必要である。

⓪　ア　複製　イ　対象外　ウ　設置者　　　　　エ　許可なしで　オ　できない

①　ア　改変　イ　対象　　ウ　設置者　　　　　エ　許可を得て　オ　できない

②　ア　複製　イ　対象外　ウ　長またはその代理　エ　許可なしで　オ　できる

③　ア　改変　イ　対象　　ウ　保護者　　　　　エ　許可を得て　オ　できる

問32 著作物の利用事例として，著作権者の許諾が**不要なもの**を，次の⓪〜③のうちから一つ選べ。

⓪　電子書籍のマンガ1話分をスクリーンショット機能で撮影して，画像データをSNSで公開した。

①　オーケストラの練習に利用するため，販売されている楽譜をコピーしてオーケストラのメンバーに配った。

②　バンドの野外ライブを撮影した動画を販売した。

③　アイドルの楽曲が収録されたCDの音楽データをパソコンに取り込んだ。

問33 学校行事における著作物利用の事例として，著作権者の許諾を得る必要があるものを，次の⓪〜③のうちから一つ選べ。

⓪　高等学校の体育祭で赤組を応援する看板を作成するときに，有名なキャラクターを使用した。

①　高等学校の体育祭で，吹奏楽部が応援曲として流行している曲を演奏した。

②　アニメを録画して，そのアニメの一部を文化祭における参加費無料のクラス展示で放映した。

③　学校の文化祭で存命中の脚本家が書いた演劇を上演することになり，入場料を50円徴収した。

問34 学校の授業における著作物の利用事例として，著作権者の許諾を得る必要があるものを，次の⓪〜③のうちから一つ選べ。

⓪　高等学校での探究活動で成果発表をするときのスライドに総務省のデータを引用した。

①　中学校の国語の授業で新聞の一部を使用したスライドを使って授業をした。

②　高等学校の英語の授業で，生徒に購入させていない問題集をコピーしてクラスの全員に配った。

③　中学校の社会科の授業で，教科書に載っている白地図を印刷して配った。

問35　著作物の利用事例として，著作権者の許諾が**不要なもの**を，次の⓪～③のうちから一つ選べ。

⓪　有名なキャラクターをプリントしたTシャツを自作して，自分の家で部屋着として利用した。

①　商用利用が禁止されている画像素材を使ってショッピングサイトを作成し，インターネット上で公開した。

②　名作映画の公開後50年を記念してレンタルスペースで上映し，鑑賞代と称してお金を集めた。

③　市民向けイベントの告知ポスターに，有名なアニメキャラクターを載せた。

問36　著作物の利用事例として，著作権者の許諾を得る必要があるものを，次の⓪～③のうちから一つ選べ。

⓪　オンライン上で購入した音楽データを，自分のスマートフォンにコピーした。

①　インターネットで公開されているオープンソースのコードをコピーして，自分でプログラムを作成した。

②　友人が正規の手段で購入した動画編集のソフトウェアをコピーしてもらい，自分のコンピュータにインストールした。

③　展示会で美術作品の解説をするために，展示会関係者が作品の写真を掲載した解説書を作成した。

問37　動画のアップロードに関する記述として，**適当でないもの**を，次の⓪～③のうちから一つ選べ。

⓪　違法にアップロードされたものと知りながら動画をダウンロードすると，2年以下の懲役または200万円以下の罰金，もしくはその両方が科される可能性がある。

①　インターネット上でテレビ番組を公開する場合は，番組制作者から複製権と公衆送信の許諾を得ることができれば，アップロードしてもよい。

②　個人がインターネット上に無断でテレビ番組をアップロードすると，3年以下の懲役となる。

③　法人がインターネット上に無断でテレビ番組をアップロードした場合は，3億円以下の罰金を科される可能性がある。

問38　個人情報についての説明として，最も適当なものを，次の **⓪**～**③** のうちから一つ選べ。

⓪　行政などで手続きするときに必要な個人情報は氏名，住所，顔，性別の4つで，これらは「基本四情報」と呼ばれている。

①　ある人の氏名と，その人の資産や収入などの財産が併記されている情報は個人情報ではない。

②　指紋などの個人を識別できる身体的特徴を符号化したものは個人情報である。

③　他人の人種や信条は本人の同意なしで公表してもよい。

問39　個人情報に関する説明として，**適当でないもの**を，次の **⓪**～**③** のうちから一つ選べ。

⓪　インターネット上で売買するときは，エスクローサービスを利用すると安全性が高まる。

①　SNSに個人情報を書き込んでいなくても，フォロワーのリストなどから個人が特定されることがある。

②　プリントシール機で撮影し，名前を書き込んで写った人を識別できる写真は，個人情報にあたる。

③　新たにWebサービスを利用するとき，他のサービスのIDと連携させる機能を利用すれば，不正アクセス対策ができ安全である。

問40　肖像権を侵害する行為として，最も適当なものを，次の **⓪**～**③** のうちから一つ選べ。

⓪　好きなアーティストの曲を歌った動画を動画配信サイトにアップロードした。

①　自分のSNSのプロフィールに好きなアーティストの歌詞の一部を掲載した。

②　友達が写っている写真を許可なくSNSにアップロードした。

③　SNSで気に入らない人の悪口を書いた。

問41　パブリシティ権を侵害する行為として，最も適当なものを，次の⓪～③のうちから一つ選べ。

⓪　有名な俳優の写真を雑誌やインターネットから集めて，写真集をつくりフリーマーケットサイトで販売する。

①　白いTシャツに好きなキャラクターをプリントして，そのTシャツをフリーマーケットサイトで販売する。

②　入手するのが非常に難しいトレーディングカードをフリーマーケットサイトで高額で販売する。

③　自分が使っていたスマートフォンが壊れたので，フリーマーケットサイトで販売する。

4　情報セキュリティの重要性

問 42　情報セキュリティの 3 要素に関する説明として，次の文の空欄 $\boxed{A}$ ～ $\boxed{C}$ に入れる言葉の組合せとして，最も適当なものを，後の $\textcircled{0}$ ～ $\textcircled{3}$ のうちから一つ選べ。

　「機密性」は情報が $\boxed{A}$ という性質で，「可用性」は情報が $\boxed{B}$ という性質で，「完全性」は情報が $\boxed{C}$ という性質である。

$\textcircled{0}$　A　正確である　　　　　　　　B　秘密裏に保たれる
　　C　改ざんされていない

$\textcircled{1}$　A　正確である　　　　　　　　B　改ざんされていない
　　C　秘密裏に保たれる

$\textcircled{2}$　A　秘密裏に保たれる　　　　　B　改ざんされていない
　　C　必要なときに利用可能である

$\textcircled{3}$　A　秘密裏に保たれる　　　　　B　必要なときに利用可能である
　　C　改ざんされていない

問43　次の文章の空欄 ア ～ エ に入れる語句の組合せとして，最も適当なものを，後の ⓪～③ のうちから一つ選べ。

コンピュータやインターネットなどを利用した犯罪のことを ア という。 ア には，OS やソフトウェアの弱点であるセキュリティ上の欠陥を狙って不正に ID やパスワードを入手する イ や，ネットワークを利用して行う犯罪である ウ などがある。また，コンピュータの利用者に被害を与えようという悪意をもって作成された不正なソフトウェアである エ を使った犯罪もある。

⓪　ア　サイバー犯罪　　　　　　　　　イ　ネットワーク利用犯罪
　　ウ　不正アクセス行為　　　　　　　エ　マルウェア
①　ア　サイバー犯罪　　　　　　　　　イ　不正アクセス行為
　　ウ　ネットワーク利用犯罪　　　　　エ　マルウェア
②　ア　ネット犯罪　　　　　　　　　　イ　不正アクセス行為
　　ウ　ネットワーク利用犯罪　　　　　エ　ファイアウォール
③　ア　ネット犯罪　　　　　　　　　　イ　ネットワーク利用犯罪
　　ウ　不正アクセス行為　　　　　　　エ　ファイアウォール

問44　不正アクセスを防止するための組織や個人での取り組みとして**適当でないもの**を，次の ⓪～③ のうちから一つ選べ。

⓪　定期的にパソコンやスマートフォンの OS のアップデートを行い，OS を最新の状態にしておく。
①　外部のネットワークと内部のネットワークの間に，安全に外部と接続することができるセキュリティホールを作ることで，情報セキュリティを向上させる。
②　パスワードだけではなく，生体認証なども併用し，異なる認証方式を組み合わせた二要素認証をできるようにしておく。
③　各コミュニティの情報セキュリティポリシーを守り，情報リテラシーやモラルの向上に努める。

問 45 ソーシャルエンジニアリングの対策として，**適当でないもの**を，次の ⓪ ～ ③ のうちから一つ選べ。

⓪ 個人情報が記載された書類は，必ずシュレッダーにかける。
① スマートフォンの覗き見を防止するフィルムを使用する。
② 電話での通話時にパスワードを話さないようにする。
③ メールで送られてきた URL を安易に開かないようにする。

問 46 フィッシング詐欺に関する説明として最も適当なものを，次の ⓪ ～ ③ のうちから一つ選べ。

⓪ 不正なプログラムによってコンピュータに侵入し，個人情報を詐取する手法
① 主に電子メールやウェブサイトを通じて個人情報を詐取する手法
② ハッカーがコンピュータを乗っ取り，個人情報を詐取する手法
③ 主に電話での通話により行われる，個人情報を詐取する手法

問 47 アプリを安全に入手・運用するための行為として，最も適当なものを，次の ⓪ ～ ③ のうちから一つ選べ。

⓪ 公式ストアにあるアプリの利用規約や評価，アプリに提供される情報などを確認し，問題ないのでインストールした。
① アップデートの連絡があったが，今のところ特に問題がないのでアプリのアップデートをしなかった。
② アプリのサポートが切れたが，もったいないので使い続けた。
③ 定評あるアプリとして知人が SNS で紹介していたので，詳しい情報を確認せずにインストールした。

問 48　パスワードに関する説明として，<u>適当でないもの</u>を，次の**⓪**〜**③**のうちから一つ選べ。

⓪　アルファベットや数字，記号を組み合わせ，8 文字以上で設定するのがよい。

①　個人情報や個人を連想できる言葉をパスワードとして用いない方がよい。

②　パスワードは他人に知られないようにするのがよい。

③　パスワードを忘れないように，すべてのアカウントで同じパスワードを設定するのがよい。

問 49　個人の認証に関する説明として，最も適当なものを，次の**⓪**〜**③**のうちから一つ選べ。

⓪　単純なパスワードを設定することで，不正にアクセスされにくくなる。

①　ワンタイムパスワードは，通常使用するパスワードが流出すると使えなくなる。

②　通常使用するパスワードに加えてワンタイムパスワードを使用するよう設定することで，不正にアクセスされにくくなる。

③　パスワードを忘れないように，紙に記入して見つけやすいところに置いておくのがよい。

問50　個人の認証に関する次の文章で，空欄 ［ア］～［エ］に入れる語句の組合せとして最も適当なものを，後の ⓪～③ のうちから一つ選べ。

　　多要素認証では，［ア］などの所有物認証，［イ］などの知識認証，［ウ］などの生体認証から2つ以上の要素を組み合わせて認証を行う。これを利用することで，1つの認証が突破されたとしても，不正アクセスの危険性を減らし，セキュリティを高めることができる。また，2回以上の認証を行うことを［エ］認証という。

⓪　ア　IC カード　　　　　　　　イ　パスワード
　　ウ　指紋　　　　　　　　　　　エ　多段階

①　ア　秘密の質問　　　　　　　　イ　携帯電話
　　ウ　声紋　　　　　　　　　　　エ　多段階

②　ア　パスワード　　　　　　　　イ　声紋
　　ウ　IC カード　　　　　　　　　エ　多要素

③　ア　携帯電話　　　　　　　　　イ　指紋
　　ウ　秘密の質問　　　　　　　　エ　多要素

問51　マルウェアに関する説明として，最も適当なものを，次の ⓪～③ のうちから一つ選べ。

⓪　ブラウザハイジャッカーとは，感染したコンピュータにおいて，キーボードの操作履歴などを抜き取り，外部へ送信するプログラムである。

①　キーロガーとは，インターネットを通じてコンピュータを遠隔操作するプログラムである。

②　アドウェアとは，パソコン使用時にポップアップ広告を頻繁に表示させ，コンピュータの操作を阻害する動作をするプログラムである。

③　リモートアクセスツールとは，ブラウザを乗っ取り，ブラウザの設定やセキュリティレベルを勝手に変更するプログラムである。

問52　ランサムウェアの説明として，最も適当なものを，次の**⓪**〜**③**のうちから一つ選べ。

⓪　ウイルスに感染させたコンピュータを外部から操り，悪用することを目的としたプログラム

①　コンピュータ内のファイルを勝手に暗号化して，元のデータに復号することを条件に金銭を要求するプログラム

②　正常なファイルに擬態して，悪意のある機能を隠してPCに侵入しデータを流出させたり，ウイルスに感染させたりするプログラム

③　メールの添付ファイルなどから感染して，プログラム自身が増殖する特性を持っていて，PC内に存在している脆弱性を狙い，被害を及ぼすプログラム

問53　スパイウェアの説明として，最も適当なものを，次の**⓪**〜**③**のうちから一つ選べ。

⓪　感染したコンピュータのキーボードの操作履歴を抜き取り，外部へ送信するプログラム

①　ユーザーに気づかれないよう，システムやコンピュータに不正侵入するために設置する通用口の役割を果たすプログラム

②　フリーソフトをダウンロードするときに潜伏していることが多いマルウェアで，情報機器内の情報を収集し，外部に送信するプログラム

③　金融機関のWebページを不正に改ざんして，不正な送金を行うプログラム

問54　情報セキュリティへの攻撃で，不正なパス文字列を用いてファイルの階層をたどることで機密情報にアクセスする手法の名称として，最も適当なものを，次の**⓪**〜**③**のうちから一つ選べ。

⓪　クロスサイトスクリプティング

①　SQLインジェクション

②　ディレクトリトラバーサル

③　ディスクリプション攻撃

問55 マルウェア対策に関する説明として，**適当でないもの**を，次の**⓪**～**③**のうちから一つ選べ。

⓪ USB メモリなどの外部記憶装置はウイルスに感染しないので，コンピュータに接続する際にはウイルスチェックをしなくてよい。

① ウイルス対策ソフトをインストールし，ウイルス定義ファイルを常に最新の状態に保つ。

② 定期的にウイルススキャンを実行し，マルウェアに感染していないか確認する。

③ 発信元が不審なメールの添付ファイルを開けたり，リンクをクリックしたりしない。

問56 フィッシング対策に関する説明として，最も適当なものを，次の**⓪**～**③**のうちから一つ選べ。

⓪ フィルタリング機能を利用して，実在する人物からのメールであるかどうか判断する。

① ブラウザに表示される URL や電子証明書を確認するなどして，本物の Web サイトかどうか判断する。

② ウイルス対策ソフトをインストールし，そのソフトをアップデートしないで様子をうかがう。

③ Web サイトに個人情報を入力するときには，入力後に送信ボタンをクリックしてから不審な挙動をしないか観察し，怪しいようであれば送信を中止する。

5	情報モラルとこれからの情報社会

問 57　インターネットの利用に関する説明として，**適当でないもの**を，次の **⓪** ～ **③** のうちから一つ選べ。

⓪　Web サーバー側で記録が保有されるため，掲示板に匿名で書いた投稿であっても投稿者を特定できる情報が記録される場合がある。

①　携帯電話やスマートフォンからの書き込みは，契約している通信業者の記録と照らし合わせれば発信者を特定できる。

②　警察が事件として扱ったとしても，インターネット上に公開した写真を完全に消すことはできない。

③　偽の爆破予告を故意に SNS に書き込んだとしても，18 歳未満であれば罪に問われない。

問 58　ソーシャルメディアの利用に関する説明として，最も適当なものを，次の **⓪** ～ **③** のうちから一つ選べ。

⓪　インフルエンサーがニュース性の高い話題にコメントした際には，その信憑性について様々な情報をもとに判断することが重要である。

①　SNS 上で問題行動の書き込みを発見した場合，書き込みを削除するよう投稿者に連絡するべきである。

②　SNS 上で問題行動の書き込みを発見した場合，投稿者が処分されるまで，その投稿記事をコピーして拡散することが大切である。

③　ニュース性の高い話題をまとめた「まとめサイト」は，事実のみが記載されているため信用できる。

問59　SNS の利用に関する説明として，最も適当なものを，次の **⓪**〜**③** のうちから一つ選べ。

⓪　SNS 上で誹謗中傷の書き込みを発見した場合は，そのシステムの管理者に通報すれば必ず削除される。

①　他人の個人情報を書き込むときには，SNS ではない通常の Web 上の掲示板を利用する。

②　会員制・招待制の SNS であっても，書き込まれた内容が SNS の外部に拡散する可能性がある。

③　SNS に書き込みをする際には，「自分的には大丈夫」という価値基準を持つことが重要である。

問60　SNS の利用に関する説明として，<u>適当でないもの</u>を，次の **⓪**〜**③** のうちから一つ選べ。

⓪　SNS 上で多くの人が同じことを述べているからといって，その情報が正しいとは限らない。

①　書きこみをする際，まとめサイトの情報を引用することで発言の信憑性が増す。

②　ブログや掲示板などで問題提起となるコメントを書きこんだとしても，その話題が収束するとは限らない。

③　読む人の立場によって解釈が異なるので，誤解を生む表現を避けることが大切である。

問61　デジタルデバイドに関する記述として，最も適当なものを，次の **⓪**〜**③** のうちから一つ選べ。

⓪　インターネットの普及により，すべての世代が雇用機会に恵まれ，高収入を得ている。

①　インターネットに比べて，紙のメディアの方が多くの情報が得られる。

②　情報を公平かつ安全に提供できるシステムの登場により，デジタルデバイドの問題は解決した。

③　情報を得られるかどうかで，個人や地域の社会的・経済的な格差が以前より広がっている。

問 62　情報社会の個人への影響に関する説明として，**適当でないもの**を，次の ⓪ 〜 ③ の
うちから一つ選べ。

⓪　テクノストレスにより，目の疲れや肩こりなどが生じ，体調を崩すことがある。

①　テクノストレスの要因の一つに，情報機器への過度な依存がある。

②　テクノストレスにより，情報機器の活用について深く学ぶ意欲が高まる。

③　テクノストレスの要因の一つに，情報機器を使った作業による疲れやストレスが
ある。

問 63　ネット依存の対策として，最も適当なものを，次の ⓪ 〜 ③ のうちから一つ選べ。

⓪　SNS にコメントをたくさん投稿する。

①　ペアレンタルコントロール機能を活用する。

②　スマートフォンを手元にずっと持ち続ける。

③　インターネットの利用時間を増やすために，勉強や家事の時間を短縮する。

問 64　クラウドサービスの利用に関する説明として，最も適当なものを，次の ⓪ 〜 ③ の
うちから一つ選べ。

⓪　クラウドサービスでは，すべてのファイルが公開されるため，共有範囲を指定で
きない。

①　クラウドサービスに保存したファイルはサービスの契約内容を問わず消えること
がない。

②　クラウドサービスを利用することで，インターネットに接続していれば，場所や
時間を選ばずに共同作業をしやすくなる。

③　動画ストリーミングサービスは，クラウドサービスに含まれない。

問65　人工知能に関する説明として，最も適当なものを，次の⓪〜③のうちから一つ選べ。

⓪　大量のデータを処理して学習することで，認識や判断の精度を高めることができる。

①　大量のデータを分析することはできるが，予測や提案はできない。

②　プログラムされた通りの作業はできるが，入力に応じて柔軟な出力を行うことはできない。

③　プログラムを自ら修正し，人間と同じ身体を手に入れることができる。

問66　AIの活用に関する次の文章の空欄　ア　〜　ウ　に入れる語句の組合せとして最も適当なものを，後の⓪〜③のうちから一つ選べ。

　　実用化されているAIの利用例として，掃除ロボットが挙げられる。AIが搭載されている掃除ロボットは，内蔵されている　ア　によって障害物を避けることができるので，家具を傷つけることなく掃除できる。また，部屋の間取りや家具の位置を設定できる掃除ロボットも存在しており，その機能を活用することで掃除ロボットが　イ　を通らず効率よく掃除させることが可能である。なお，掃除ロボットは掃除が終わると　ウ　のある場所まで自ら戻る仕組みになっている。

⓪　ア　センサー　　イ　汚れている場所　　ウ　冷蔵庫

①　ア　タイマー　　イ　汚れていない場所　ウ　充電器

②　ア　タイマー　　イ　同じルート　　　　ウ　コントローラ

③　ア　センサー　　イ　同じルート　　　　ウ　充電器

問67　キャッシュレス決済の利用に関する記述として，<u>適当でないもの</u>を，次の**⓪**〜**③**のうちから一つ選べ。

⓪　自動チャージ機能を利用することで，入金を管理する手間が省ける。

①　二次元コード決済は，端末がインターネットに接続されていなくても手軽に利用できる。

②　すべての店舗で自身の利用しているキャッシュレス決済に対応しているとは限らない。

③　キャッシュレス決済を活用する場合でも万一の技術的なトラブルを想定し，現金を少し持ち歩くのがよい。

問68　クラウドファンディングに関する次の文章の空欄 ア 〜 ウ に入れる語句の組合せとして，最も適当なものを，後の**⓪**〜**③**のうちから一つ選べ。

　クラウドファンディングとは，インターネットを通じて不特定多数の人々から資金を調達することである。新商品を開発する場合，開発資金をクラウドファンディングで集め，出資額に応じた成果物を ア として出資者に提供することが多い。それ以外にも，起業資金や イ など，様々な分野で利用されている。クラウドファンディングには，調達者が設定した目標額への到達にかかわらず決済や ア が発生するAll in 方式と，目標額に到達しないと決済が一切成立しない All or Nothing 方式がある。出資者の立場からすると，All in 方式は ウ に近い形で利用できる。All in 方式は調達者にとっては目標額に達さなくても資金調達ができるが，必ず ア を用意する必要がある。

⓪　ア　プライズ　　イ　寄付　　ウ　ネットオークション

①　ア　リターン　　イ　納税　　ウ　ネットオークション

②　ア　リターン　　イ　寄付　　ウ　ネットショッピング

③　ア　プライズ　　イ　納税　　ウ　ネットショッピング

問 69 バーチャルリアリティとそれに関連する技術に関する説明として, 最も適当なものを, 次の **⓪** 〜 **③** のうちから一つ選べ。

⓪ VR は, スマートフォンやタブレット PC などで現実世界の手前に仮想の情報を表示する技術である。

① MR は, 透過型のゴーグルなどで現実世界の中に仮想の情報を表示する技術である。

② AR は, 非透過型のゴーグルなどで仮想世界の中に仮想の情報を表示する技術である。

③ TR は, 離れた場所のロボットを操作し, 作業やコミュニケーションを行い, 自分の存在を拡張する技術である。

問 70 Society 5.0 に関する説明として, 最も適当なものを, 次の **⓪** 〜 **③** のうちから一つ選べ。

⓪ 農耕によって経済が成り立っており, 土地の耕作が富の第一の源となっている社会。

① 蒸気機関の発明や機械の発展により生産能力と移動能力が拡大し, 製造業が重要産業になっている社会。

② 世界がネットワークでつながり, どこにいてもインターネットにアクセスして情報を得られる社会。

③ 仮想空間と現実空間が高度に融合し, 誰もが活き活きと活動できる社会。

コミュニケーションと情報デザイン

全45問

　本章では，コミュニケーションに関する基本となる概念を扱った上で，情報デザインによる問題解決の考え方や方法を扱います。情報デザインに関する問題などでは，答えが複数あり一つに定まらない場合が多いため，問題文中で考え方を明示した上で問われることが多いと考えられます。

　そこで本章では，コミュニケーションや情報デザインに関して重要な概念について，理解を確認する問題を掲載しています。

目標

- □ 「コミュニケーション」や「メディア」の概念，各種のメディアの特性を理解する。
- □ 対象や目的を意識した情報デザインの考え方と，情報デザインによる問題解決の流れや工夫を理解する。
- □ 情報デザインにおける抽象化・構造化・可視化とその事例を理解する。

1　コミュニケーション手段の特徴

問1　コミュニケーションのワンウェイモデルに関する説明として，最も適当なものを，次の⓪〜③のうちから一つ選べ。

⓪　双方向のコミュニケーションが行われる。

①　情報が一方向に伝達される。

②　複数のチャンネルを使用する。

③　コミュニケーションがインタラクティブに行われる。

問2　メディアの特性に関する記述として，最も適当なものを，次の⓪〜③のうちから一つ選べ。

⓪　メディアは客観的な情報のみを提供する。

①　メディアは一方向のコミュニケーションのみに用いられる。

②　メディアは個人的な意見を反映しない。

③　メディアは情報の伝達手段である。

問3　メディアの例とその特性に関する説明として，<u>適当でないもの</u>を，次の⓪〜③のうちから一つ選べ。

⓪　文字は，詳しい説明が必要な場合に適する「表現」のためのメディアである。

①　図は，瞬間的な理解が必要な場合に適する「記録」のためのメディアである。

②　電波は，空間を超えて離れた場所に伝えられる「伝達」のためのメディアである。

③　紙は，時間を超えて保存することができる「記録」のためのメディアである。

問4　メディアの分類に関する説明として，最も適当なものを，次の⓪〜③のうちから一つ選べ。

⓪　文字や図などは，表現のための成果メディアである。
①　情報の流通範囲を拡大する役割を果たすメディアを成果メディアという。
②　紙や光学ディスクなどは，記録のための伝播メディアである。
③　社会情報を論理的に媒介する役割を果たすメディアを伝播メディアという。

問5　メディアとコミュニケーションに関する記述として，最も適当なものを，次の⓪〜③のうちから一つ選べ。

⓪　インターネットを利用する際，軽い気持ちで発信した内容で人を傷つけてしまうことがある。
①　クラウドストレージサービスが登場したことにより，相手方のメールボックスの上限サイズを気にせずにデータをメールに添付して送信できるようになった。
②　コミュニケーションツールのグローバル化により，情報の送り手・受け手はお互いが属する社会や文化の違いに配慮する必要がなくなった。
③　SNSが普及したことにより，情報の送り手が意図したことが受け手に確実に伝わるようになった。

問6　メディアの「リアルタイム性」の説明として，最も適当なものを，次の⓪〜③のうちから一つ選べ。

⓪　メディアで発信される情報が正確であるという性質
①　メディアが一定期間ごとにコンテンツに関与する人員を刷新するという性質
②　メディアが時間の経過に合わせて最新の情報を提供するという性質
③　メディアが多様な情報を提供するという性質

問7　情報の伝達メディアとしてのテレビ放送の利点として，**適当でないもの**を，次の
⓪～**③**のうちから一つ選べ。

⓪　遠く離れた場所の情報を同期的に伝えられる。

①　音声や動画の他，文字や画像を用いて情報を伝えられる。

②　短時間で多くの人へ情報を伝えられる。

③　高年齢層の人に偏りのない，正しい情報を伝えられる。

問8　図1は「20 XX 年衆議院議員総選挙における投票者の年代別構成」をグラフにし
たものである。図1に関する記述として，**適当でないもの**を後の**⓪**～**③**のうちから
一つ選べ。

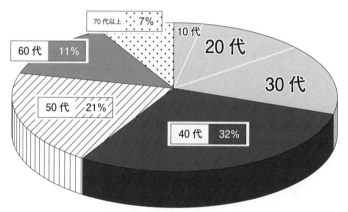

図1　20 XX 年衆議院議員総選挙における投票者の年代別構成

⓪　3 D 円グラフを使うことで，手前の 40 代や 50 代の割合が大きく見える。

①　3 D 円グラフを使うことで，立体的なデザインになり，各年代の割合を正しく把
握できる。

②　他の年代と同様に 10 代～30 代の投票者の比率も表示するべきである。

③　年代を示すラベルがグラフ内の扇形に近い場所に表示されており，見やすくなっ
ている。

問9　図2はＡ国，Ｂ国，Ｃ国それぞれに在住している人に尋ねた「人生は"お金"が全てか？」というアンケートの調査結果をまとめたグラフである。図2に関する記述として，最も適当なものを，後の**⓪**〜**③**のうちから一つ選べ。

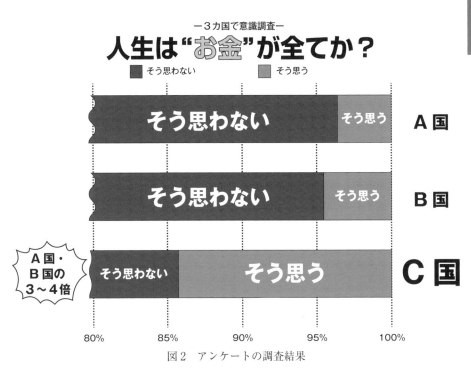

図2　アンケートの調査結果

⓪　グラフから「Ｃ国の人は人生はお金がすべてであると思っている」と断定することができる。

①　グラフ軸の80％以下を省略することは，データを正確に理解するための工夫であると考えられる。

②　グラフ軸の80％以下を省略することで，「Ｃ国の人は人生はお金が全てだと思う人の割合が，他の国々と比較して非常に高い」という印象を与えている。

③　グラフの左側に「Ａ国・Ｂ国の3〜4倍」と表示することで，Ｃ国は他の国々よりも人生に対する価値基準が多様であるという印象を与えている。

問10 メディア・リテラシーに関する説明として，**適当でないもの**を，次の⓪〜③のうちから一つ選べ。

⓪ メディアの価値と特性を理解した上で，受け手として情報を正しく読み解き，送り手として正確に情報を表現・発信する能力をいう。

① 受信した情報はすべて正しいものとして理解し，有益であると判断できる場合はできるだけ多くの人に知らせることが重要である。

② 情報を発信する際には，その内容に責任をもち，メディアによる伝わり方の違いやアナログとデジタルの特性の違いを理解することが重要である。

③ メディア・リテラシーを高めるためには，目的を達成するための「情報デザイン」の技法について理解を深めることが重要である。

問11 ステルスマーケティングの説明として，最も適当なものを，次の⓪〜③のうちからを一つ選べ。

⓪ 広告であることを隠して宣伝するマーケティング手法である。

① ステルス機能を備えた商品の販売である。

② 誤った情報を伝えることによる広告手法である。

③ 新商品の開発に関するマーケティング手法である。

2　コミュニケーションツールの特徴

問 12　コミュニケーション手段の発達に関する記述として，最も適当なものを，次の**⓪**〜**③**のうちから一つ選べ。

⓪　電信や電話の発明により，離れたところにいる人に瞬時に情報を伝えることが可能になった。

①　文字や印刷技術，写真の発明により，言語情報の記録が可能になったものの，絵や画像は記録できなかった。

②　20世紀後半にインターネットが登場したことで，地理的・時間的な制約に加えて人的な制約が強まった。

③　情報をデジタル化する技術により，複製すると情報の劣化が起きるようになった。

問 13　1969年にアメリカで開発された，インターネットの原型となったといわれるコンピュータネットワークの名称を，次の**⓪**〜**③**のうちから一つ選べ。

⓪　Ethernet　　**①**　Virtual Private Network

②　Intranet　　**③**　ARPANET

問 14　インターネットのブロードバンド化に関する記述として，最も適当なものを，次の**⓪**〜**③**のうちから一つ選べ。

⓪　ブロードバンドの普及によって，インターネットを利用する際はすべての通信端末が1つの通信回線を使用する。

①　ブロードバンドの普及によって，大容量データを容易に送受信できるようになり，情報の流通量が増大した。

②　パケット交換技術の開発により，ブロードバンドが普及し世界中のネットワークが接続された。

③　ブロードバンドによって，あらゆる情報をコンピュータで統合的に扱うことが可能になり，データの複製や加工が容易になった。

問15 インターネットでのコミュニケーションの形態や特性に関する記述として，最も
適当なものを，次の**⓪**～**③**のうちから一つ選べ。

⓪ 電子掲示板では，実名を公開せずに情報を書き込めるため，自分の発言が原因で
トラブルに発展した場合においても責任を追及されることはない。

① インターネットで発信された情報は容易に複製できるが，トラブルに発展した場
合，その情報は即座に削除される。

② プライバシーにあたることも含め，個人を特定できる情報をフェイクニュースと
して発信することができる。

③ インターネットで受信した情報は，クロスチェックによりその信憑性を確認する
ことが重要である。

3　情報デザインの役割

問 16　次の文章は情報デザインに関する説明である。文中の空欄 ア ～ ウ に入れる語句の組合せとして最も適当なものを，後の ⓪ ～ ③ のうちから一つ選べ。

　　情報デザインとは，効果的なコミュニケーションや ア のために，情報を整理したり，目的や意図を持った情報を受け手に対して分かりやすく イ するためのデザインの基礎知識や ウ およびその技術のことである。

- ⓪　ア　問題解決　　イ　伝達　　ウ　表現方法
- ①　ア　美的側面　　イ　検証　　ウ　教育方法
- ②　ア　問題解決　　イ　保存　　ウ　管理手順
- ③　ア　美的側面　　イ　創造　　ウ　契約手続

問 17　情報デザインを実践する行為の具体例として，<u>適当でないもの</u>を，次の ⓪ ～ ③ のうちから一つ選べ。

- ⓪　物事の関係性を図解で表現する。
- ①　数値データの比較のためにグラフを使う。
- ②　印象に残った言葉をメモ用紙に走り書きで書き留める。
- ③　論理構造を整えて文章を書く。

問 18　情報デザインによる問題解決の具体例として，最も適当なものを，次の ⓪ ～ ③ のうちから一つ選べ。

- ⓪　部屋の天井に感熱式センサーを設置して室内灯を連動させ，室内灯の消し忘れを防ぐようにした。
- ①　定期テストにおける各クラスの科目別得点を，1つの表にまとめ，クラスの強みと弱みを明らかにした。
- ②　自宅の庭で育てたあさがおの写真を撮影した。
- ③　本の表紙が汚れるのを防ぐため，本を購入したら黒色のブックカバーをつけた。

問 19 情報デザインにおける「計画」の説明として，最も適当なものを，次の **⓪** ～ **③** のうちから一つ選べ。

⓪ 情報デザインの具体的な成果物
① 情報デザインを行う際の目標や意図
② 情報デザインにおける制約や条件
③ 情報デザインの具体的な手順やスケジュール

問 20 情報デザインを学ぶ利点に関する記述として，**適当でないもの**を，次の **⓪** ～ **③** のうちから一つ選べ。

⓪ 受け手に対して情報を分かりやすく伝達できる。
① 受け手が受け取る情報への興味や関心を高めることができる。
② その情報を伝える目的を理解しなくても，情報を正しく整理できる。
③ 情報の見せ方を理解し，効率的に情報を発信できる。

4　情報デザインの要素とその手法

問 21　情報デザインの手法に関する説明とその名称の組合せとして，最も適当なものを，後の⓪～③のうちから一つ選べ。

ア　情報の要点だけを抜き出して絵や図で表現する。
イ　関係性や順序，レベルなどで整理し，文や写真・図を用いて表現する。
ウ　グラフや図などで視覚的に分かりやすく表現する。

⓪　ア　情報の構造化　　イ　情報の可視化　　ウ　情報の抽象化
①　ア　情報の可視化　　イ　情報の構造化　　ウ　情報の一元化
②　ア　情報の構造化　　イ　情報の一元化　　ウ　情報の抽象化
③　ア　情報の抽象化　　イ　情報の構造化　　ウ　情報の可視化

問 22　情報デザインにおける「情報の抽象化」の事例として，**適当でないもの**を，次の⓪～③のうちから一つ選べ。

⓪　散布図を用いて，炭酸飲料の売上高と最高気温の関係を表した。
①　実際のプログラムや手順のうち，プログラム言語特有の箇所や本筋ではない部分を除いた本質的な部分を端的にフローチャートに表した。
②　アプリケーションの各機能をアイコンで表した。
③　音声データのうち，言語情報以外を捨象して，言語情報のみを取り出した。

問 23　情報デザインにおける「情報の可視化」の事例として，**適当でないもの**を，次の⓪～③のうちから一つ選べ。

⓪　非常口付近に「非常口」を表すピクトグラムを掲示した。
①　文書ファイルのフッタにページ番号を挿入した。
②　電車の路線図を簡易的に表した。
③　地域別の月別平均気温の変化を折れ線グラフで表した。

問 24　情報デザインにおける「情報の構造化」の事例として，**適当でないもの**を，次の ⓪ ～ ③ のうちから一つ選べ。

⓪　駅から目的地への案内図を簡易的に表した。
①　データフロー図を用いて，データの流れを表した。
②　文中で強調したい言葉を太字にし，注釈が必要な場合は注釈記号をつけた。
③　各段落の文頭で字下げをしたり，章や節に分けたりした。

問 25　Web サイトにおいてサイトの構造を表現するために使用されるグラフィカルな手法の名称として，最も適当なものを，次の ⓪ ～ ③ のうちから一つ選べ。

⓪　マインドマップ　　①　サイトマップ
②　ストーリーボード　　③　ワイヤフレーム

問 26　情報デザインで重要な「情報の結びつきの表現」に関する記述として，最も適当なものを，次の ⓪ ～ ③ のうちから一つ選べ。

⓪　デザインで表す対象から情報を抽象化し，その結びつきを構造化し，結びつきを表現して可視化する。
①　デザインで表す対象から情報を構造化し，その結びつきを可視化し，結びつきを表現して抽象化する。
②　デザインを表す対象から情報を抽象化し，その結びつきを可視化し，結びつきを表現して構造化する。
③　デザインを表す対象から情報を構造化し，その結びつきを抽象化し，結びつきを表現して可視化する。

問 27　情報デザインにおける「究極の5個の帽子掛け」の説明として，最も適当なものを，次の ⓪ ～ ③ のうちから一つ選べ。

⓪　デザインの5つの基本要素　　①　構造化のための5つの視点
②　情報の5つの特性　　③　プレゼンテーションの5つのステップ

問 28 情報の可視化に用いる手法に関する説明として，**適当でないもの**を，次の⓪〜③のうちから一つ選べ。

⓪ ピクトグラムで表現することで，使用する言語に関わらず情報が伝わりやすくなる。

① 文書でまとめることで，情報の全体像をつかむことができる。

② ダイアグラムでまとめることで，情報の全体の流れや関係性を把握しやすくなる。

③ グラフや表などで表現することで，情報の特徴や傾向を把握しやすくなる。

問 29 ピクトグラムの配色に関する記述として，最も適当なものを，次の⓪〜③のうちから一つ選べ。

⓪ 緑地の四角形に白色の表示は，非常口や高速道路標識をはじめとする注意喚起を表す。

① 赤色の円形に斜線の入ったマークは，特定の行動や行為を禁止することを表す。

② 黄地に黒色の三角マークは，安全な場所であることを表す。

③ 青地に白色の表示は，航海・航空の保安施設を表す。

問 30 次のア〜ウのピクトグラムが表すものの組合せとして，最も適当なものを，後の⓪〜③のうちから一つ選べ。

⓪ ア　上り階段　　　　イ　待合室　　　　ウ　温泉

① ア　上りエスカレータ　イ　待合室　　　　ウ　化粧室

② ア　上り階段　　　　イ　レストラン　　ウ　化粧室

③ ア　上りエスカレータ　イ　レストラン　　ウ　温泉

問31 「ピクトグラム」や「グラフ」の主な役割の説明として，最も適当なものを，次の⓪〜③のうちから一つ選べ。

⓪ 情報を可視化し，直感的に理解しやすくする。
① 情報を音声や音楽によって伝える。
② 情報を文章で詳細に説明する。
③ 情報を動画やアニメーションで表現する。

問32 インフォグラフィックスに関する記述として，最も適当なものを，次の⓪〜③のうちから一つ選べ。

⓪ インフォグラフィックスは，文字のみの文書より多くの情報を伝えられる。
① インフォグラフィックスを用いることで，情報を作成者の意図するように解釈してもらえる。
② インフォグラフィックスを用いることで，情報が視覚的に分かりやすくなる。
③ インフォグラフィックスはWeb広告とポスターのみに使われ，活用できるシーンが限られる。

問33 インフォグラフィックスの特徴として，最も適当なものを，次の⓪〜③のうちから一つ選べ。

⓪ テキストを中心に情報を伝える。
① 音声や映像を使って情報を伝える。
② 複数の情報を組み合わせて分かりやすく表現する。
③ インタラクティブな要素を含めて情報を伝える。

問34　図に示した，星のライフサイクルについてのインフォグラフィックスに関する記述として，**適当でないもの**を，後の **⓪** 〜 **③** のうちから一つ選べ。

01 星雲

星は，宇宙空間にある水素ガスの塊である星雲から生まれる。最終的には自己動力で星雲は崩壊し，加熱された核が形となって星となる。

02 新星

星は主系列星で長時間安定していることがある。安定している時期は，その質量に依存する。大きな星は早く燃え尽きるが，小さな星は長期間続く。

03 赤色巨星

星のライフサイクルの後期に入ると，水素核がヘリウムに完全に変換される。
新星よりはるかに大きく，気温が低い分、赤い色をしている

⓪　インフォグラフィックスの目的は，情報を見栄えよくすることである。

①　イラストを用いることで，複雑な形を単純化して示している。

②　見出しと簡単な説明文をつけることで，イラストだけでは伝えきれない情報を追加している。

③　情報を一方向に並べることで，時系列に沿った説明であることを示している。

問 35 ユーザインタフェースの説明として，最も適当なものを，次の **⓪** ～ **③** のうちから一つ選べ。

⓪ 情報をビジュアル化するもの
① 情報の受け手となるユーザと機器との接点となるもの
② 情報を分かりやすく整理するもの
③ 情報をインタラクティブに表現するもの

問 36 CUI の説明として最も適当なものを，次の **⓪** ～ **③** のうちから一つ選べ。

⓪ キーボードの入力と画面の文字表示だけで操作するインタフェース
① 画像やポインティングデバイスを利用して，直感的に操作できるインタフェース
② デジタル機器間で映像信号や音声信号を 1 本のケーブルで送ることができるインタフェース
③ ソフトウェア同士が情報をやりとりする際に使用されるインタフェース

問 37 GUI に関する記述として**適当でないもの**を，次の **⓪** ～ **③** のうちから一つ選べ。

⓪ GUI では，ウインドウを切り替えることで，複数のアプリケーションを並行して操作できる。
① GUI では，文字だけでなく，アイコンやボタンを表示して命令や指示を分かりやすくしている。
② GUI では，大量のデータを容易に一括処理できる。
③ GUI では，キーボードの他に，マウスなどで比較的容易に操作できる。

5 情報デザインの考え方を活かしたコミュニケーション

問38 人間中心設計の説明として，最も適当なものを，次の⓪～③のうちから一つ選べ。

⓪ 情報をビジュアル化する手法
① ユーザのニーズや行動を重視した設計手法
② 情報を分かりやすく整理する手法
③ 情報をインタラクティブに表現する手法

問39 次の説明中の空欄 ア ～ エ に入れる語句の組合せとして最も適当なものを，後の⓪～③のうちから一つ選べ。

　サインシステムやインフォグラフィックスは，利用者の立場に立った ア という考え方に基づいてデザインされている。そのプロセスは イ で規定されており，利用者のニーズを把握し，そのニーズに基づいた ウ を行った上で，利用者の評価に基づく エ を，利用者のニーズを完全に満たすまで繰り返し行うというものである。

⓪ ア アート思考　　イ IEEE　　ウ デザイン　　エ 発信
① ア 人間中心設計　イ ISO　　ウ デザイン　　エ 改善
② ア アート思考　　イ ISO　　ウ 情報収集　　エ 改善
③ ア 人間中心設計　イ IEEE　　ウ 情報収集　　エ 発信

問40　次の説明中の空欄 ア ～ カ に入れる語句の組合せとして最も適当なものを，後の ⓪ ～ ③ のうちから一つ選べ。

　　人とドアの間には，「押す」「引く」「スライドする」といった操作を行うことができるという関係があると考えられる。このように，あるものに対して実施可能な操作や行為があるという関係性を ア という。一方で，ドアに平たい板を付けることで「 イ という操作ができるという可能性」を，また，ドアに取っ手を付けることで「 ウ という操作ができる可能性」を想像できる。このように，特定の操作や行為をさせる手がかりになるものを エ という。

　　下図のように，Webページ中でリンクがある箇所の文字に色と下線をつけることは，オ の例といえる。「文字に色と下線がついていればリンクがあることが多い」という我々の経験を活用し，「リンク先に移動したいときには，自然にリンクの箇所をポイントしてしまう」という カ に基づく行動を誘導している。

詳細はこちら　　**詳細はこちら**　　<u>**詳細はこちら**</u>

標準の文字，色・装飾なし　色つき・太字　色つき・太字・下線

⓪	ア	シグニファイア	イ	引く	ウ	押す
	エ	アフォーダンス	オ	シグニファイア	カ	アフォーダンス
①	ア	アフォーダンス	イ	押す	ウ	引く
	エ	シグニファイア	オ	シグニファイア	カ	シグニファイア
②	ア	アフォーダンス	イ	スライドする	ウ	押す
	エ	アフォーダンス	オ	アフォーダンス	カ	シグニファイア
③	ア	シグニファイア	イ	押す	ウ	スライドする
	エ	シグニファイア	オ	アフォーダンス	カ	アフォーダンス

問41　シグニファイアの具体例として，<u>適当でないもの</u>を，次の ⓪ ～ ③ のうちから一つ選べ。

⓪　ブルーレイプレーヤーのリモコンに■や▶，▶▶Ⅰが表示されたボタンがある。

①　ハガキの右上部分に7つの四角が横並びに印刷されている。

②　水がなみなみ入った1Lのペットボトルが1本台所に置かれている。

③　お菓子の包装の端に切り込みがある。

6 コンテンツ制作の過程・評価・改善

問 42　「ペルソナ」に関する記述として，<u>適当でないもの</u>を，次の **⓪** 〜 **③** のうちから一つ選べ。

⓪　ペルソナは，商品やサービスの発表前にこれらを試用するモニター調査の参加者から見出された人物設定のことである。

①　ペルソナは，商品やサービスを利用すると考えられる典型的なユーザ像である。

②　ペルソナはターゲットよりも詳細な人物設定であるため，チーム内で共通認識を持つことができる。

③　ペルソナが詳細に定められていると，効率的なマーケティングができる。

問 43　「ユニバーサルデザイン」の原則として，<u>適当でないもの</u>を，次の **⓪** 〜 **③** のうちから一つ選べ。

⓪　誰にでも公平に利用できること

①　使い方が簡単ですぐわかること

②　制作者の思いを強く訴えかけること

③　ミスや危険につながらないデザインであること

問 44　「カラーユニバーサルデザイン」の事例として，<u>適当でないもの</u>を，次の **⓪** 〜 **③** のうちから一つ選べ。

⓪　文字を読みやすくするために，背景の色と文字の色に明暗や濃淡の差をつける。

①　円グラフの各項目の境界が分かるように，境界部分に線を入れる。

②　食料品売り場の案内図を色で区分するときに，商品カテゴリーと色覚の多様性を考慮した配色とする。

③　4本の折れ線グラフの凡例をグラフ上部にまとめ，色分けで各項目の違いを表現する。

問 45 「デザイン思考」の説明として，最も適当なものを，次の **⓪**～**③** のうちから一つ選べ。

⓪ 自分の感情，信念を使って自分を表現することを中心にアイデアを出し，作品を作り出す手法

① 対象となる相手の問題を見つけ，その問題を解決するためのアイデアを試行錯誤しながら形にしていく手法

② データなどを分析して改良すべき点を抽出し，その結果に基づいた具体的行動を策定する手法

③ 課題を解決するための矛盾や不備を見出し，問題点を分析してその解決策を見つける手法

コンピュータとプログラミング

全66問

　本章では，コンピュータの仕組みや構成を扱った上で，プログラミングによる問題解決の考え方や方法を扱います。プログラミングに関する問題では，文章や図表の形で与えられたアルゴリズムを読み込んだ上で，空欄として与えられたプログラムの一部を補充する形で問われることが多いと考えられます。

　そこで本章では，コンピュータでデータを扱う基礎となるデジタルでのデータの表現について確認した上で，アルゴリズムの表現やプログラミングの基礎を確認する問題や，モデルを用いて考察する問題を掲載しています。

目標

☐ 数値の基数を変換する方法や，データ量の計算方法を理解する。

☐ 文字・画像・音声・動画をデジタル表現するための考え方と工夫を理解する。

☐ コンピュータが動作するための仕組みや構成を理解する。

☐ アルゴリズムの各種の表現方法や，変数や配列，関数を用いたプログラムで表現する方法を理解する。

☐ 誤差や計算回数，効率性を考慮したプログラムの改善方法を理解する。

1 情報のデジタル化

問1 文字や画像の表示に関する記述として，最も適当なものを，次の**⓪**～**③**のうちから一つ選べ。

⓪ ビットマップフォントとは，ドットの配置をグリフとして記録したフォントであり，画面表示や印刷などで広く用いられる。

① アウトラインフォントとは，グリフの輪郭線を座標などを用いて記録したフォントであり，画面に小さな文字を表示するときなどに用いられる。

② ラスタデータとは，画素を並べてフォントや画像を表現したものであり，写真の編集などに適している。

③ ベクタデータとは，文字や画像を構成する要素の形状，座標，色，大きさなどの情報を持ち，拡大するとジャギーが目立つ。

問2 デジタルデータの特徴として，<u>適当でないもの</u>を，次の**⓪**～**③**のうちから一つ選べ。

⓪ データの加工や編集などの処理が容易に行えること

① 人間がひと目でおおよその量を認識しやすいこと

② 複製や伝送を行っても劣化しないこと

③ 誤り訂正符号を用いることで，多少のノイズがあってもデータを完全に復元できること

問3 D/A 変換の事例として，最も適当なものを，次の**⓪**～**③**のうちから一つ選べ。

⓪ プリンタを使って写真データを印刷する。

① プリントに書いた文章をスキャンしてデータとして取り込む。

② 英語の発音練習をするためスマホで自分の発音を録音する。

③ 動画編集ソフトで編集し，その動画を mp4 で書き出す。

問 4　$1111_{(2)}$ を 10 進法で表した数値を，次の **⓪** 〜 **③** のうちから一つ選べ。なお，$_{(2)}$ は 2 進法を表す。

⓪　$9_{(10)}$

①　$12_{(10)}$

②　$15_{(10)}$

③　$18_{(10)}$

問 5　$10100_{(2)}$ を 10 進法で表した数値を，次の **⓪** 〜 **③** のうちから一つ選べ。

⓪　$51_{(10)}$

①　$40_{(10)}$

②　$33_{(10)}$

③　$20_{(10)}$

問 6　$49_{(10)}$ を 2 進法で表した数値を，次の **⓪** 〜 **③** のうちから一つ選べ。なお，$_{(10)}$ は 10 進法を表す。

⓪　$100111_{(2)}$

①　$101001_{(2)}$

②　$110001_{(2)}$

③　$111001_{(2)}$

問 7　$67_{(10)}$ を 2 進法で表した数値を，次の **⓪** 〜 **③** のうちから一つ選べ。

⓪　$1000011_{(2)}$

①　$1001000_{(2)}$

②　$1101000_{(2)}$

③　$1000101_{(2)}$

第3章

問8 1F₍₁₆₎ を 10 進法で表した数値を，次の**⓪**～**③**のうちから一つ選べ。なお，₍₁₆₎は 16 進法を表す。

⓪ 30₍₁₀₎

① 31₍₁₀₎

② 32₍₁₀₎

③ 33₍₁₀₎

問9 246₍₁₀₎ を 16 進法で表した数値を，次の**⓪**～**③**のうちから一つ選べ。

⓪ 9D₍₁₆₎

① F6₍₁₆₎

② E4₍₁₆₎

③ 6F₍₁₆₎

問10 C3₍₁₆₎ を 2 進法で表した数値を，次の**⓪**～**③**のうちから一つ選べ。

⓪ 10110101₍₂₎

① 11101001₍₂₎

② 10100101₍₂₎

③ 11000011₍₂₎

問11 10110101₍₂₎ を 16 進法で表した数値を，次の**⓪**～**③**のうちから一つ選べ。

⓪ B5₍₁₆₎

① C7₍₁₆₎

② B4₍₁₆₎

③ C6₍₁₆₎

問 12　次の計算の空欄 $\boxed{ア}$ ～ $\boxed{エ}$ に入れる数の組合せとして，最も適当なものを，後の $\boxed{0}$ ～ $\boxed{3}$ のうちから一つ選べ。なお，$_{(2)}$ は 2 進法を表す。

2 進法で 4 桁の $0101_{(2)}$ の補数 x は，次の手順で導き出される。

$0101_{(2)} + $ 補数 $x = \boxed{ア}_{(2)}$

　　　　補数 $x = \boxed{ア}_{(2)} - 0101_{(2)}$

　　　　補数 $x = \boxed{イ}_{(2)}$

また，次の手順で補数 x を導き出すことも可能である。

(1)　0101 の各桁の 0 と 1 を反転する

　　　$0101 \rightarrow \boxed{ウ}$

(2)　$\boxed{ウ}$ に $\boxed{エ}$ を足すと，$0101_{(2)}$ の補数 x は $\boxed{イ}_{(2)}$ と導き出される

$\boxed{0}$　ア　1000　　イ　1101　　ウ　1100　　エ　1

$\boxed{1}$　ア　1000　　イ　1011　　ウ　1100　　エ　10

$\boxed{2}$　ア　10000　　イ　1011　　ウ　1010　　エ　1

$\boxed{3}$　ア　10000　　イ　1101　　ウ　1010　　エ　10

問 13　$-12.25_{(10)}$ を 32 ビットの浮動小数点数で表す場合，空欄 $\boxed{ア}$ ～ $\boxed{カ}$ に入れる数の組合せとして最も適当なものを，後の $\boxed{0}$ ～ $\boxed{3}$ のうちから一つ選べ。なお，$_{(2)}$ は 2 進法を表し，符号を S，指数部を E，仮数部を M とする。

$-12.25_{(10)} = - \boxed{ア}_{(2)}$

$= -1.10001_{(2)} \times 2^{\boxed{イ}}$

$= -1.10001_{(2)} \times 2^{(130 - \boxed{ウ})}$

$130_{(10)} = 10000010_{(2)}$

よって，S $= \boxed{エ}_{(2)}$，E $= 10000010_{(2)}$，M $= 10001000000000000000000_{(2)}$

つまり，$\boxed{オ}\,0001\,0100\,0100\,0000\,0000\,0000\,\boxed{カ}_{(2)}$ となる。

$\boxed{0}$　ア　110.001　　イ　2　　ウ　128　　エ　0　　オ　1100　　カ　0001

$\boxed{1}$　ア　1100.01　　イ　3　　ウ　127　　エ　1　　オ　1100　　カ　0000

$\boxed{2}$　ア　110.001　　イ　2　　ウ　128　　エ　0　　オ　0100　　カ　0001

$\boxed{3}$　ア　1100.01　　イ　3　　ウ　127　　エ　1　　オ　0100　　カ　0000

第3章

問 14　データ量の最小単位として，最も適当なものを，次の**⓪**〜**③**のうちから一つ選べ。

⓪　bit　　　　　**①**　byte　　　　　**②**　GB　　　　　**③**　MB

問 15　デジタルデータの転送速度を表すために使用される単位として，最も適当なものを次の**⓪**〜**③**のうちから一つ選べ。

⓪　ピクセル／毎秒　　**①**　bps　　　　**②**　Hz　　　　**③**　fps

問 16　1バイトで扱うことができる情報の場合の数として，最も適当なものを，次の**⓪**〜**③**のうちから一つ選べ。

⓪　8 通り　　　**①**　32 通り　　　**②**　128 通り　　　**③**　256 通り

問 17　文字の表現に関する記述として，**適当でないもの**を，次の**⓪**〜**③**のうちから一つ選べ。

⓪　インターネットの普及により，Unicode にはない文字コードに対応すべく，JIS コードや Shift_JIS，EUC-JP などのエンコーディング方式が考案された。
①　文字や記号を 2 進法でどのように表すか取り決めたものを文字コードという。
②　JIS コードは，半角英数字や半角カタカナ，半角記号などを 8 ビット分のコードにしたものである。
③　UTF-8 は Unicode の一種であり，1 文字を 1〜6 バイトの可変長で表現するのが特徴である。

問 18　文字をデジタル化するために使用されるエンコーディング形式の名称として，最も適当なものを，次の**⓪**〜**③**のうちから一つ選べ。

⓪　JPEG　　　　**①**　MP3　　　　**②**　ASCII　　　　**③**　AVI

問 19 次のア，イの文字列を ASCII コードに当てはめて表記した場合に，最も適当なものを，それぞれ後の ⓪ 〜 ③ のうちから一つずつ選べ。

	0	1	2	3	4	5	6	7
0			(空白)	0	@	P	`	p
1			!	1	A	Q	a	q
2			"	2	B	R	b	r
3			#	3	C	S	c	s
4			$	4	D	T	d	t
5			%	5	E	U	e	u
6			&	6	F	V	f	v
7			'	7	G	W	g	w
8			(	8	H	X	h	x
9			)	9	I	Y	i	y
A			*	:	J	Z	j	z
B			+	;	K	[	k	{
C			,	<	L	\	l		
D			-	=	M	]	m	}
E			.	>	N	^	n	~
F			/	?	O	_	o	

ア　Kawaijuku

⓪　4B 61 77 61 69 6B 61 6B 75
①　4B 61 6E 6A 69 6A 75 6B 75
②　4B 61 77 61 69 6A 75 6B 75
③　4B 61 6E 61 69 73 61 6B 75

イ　<Mondai_>

⓪　3C 4D 6F 6E 64 61 69 5F 3E
①　3C 4D 6F 72 69 5F 61 69 3E
②　3C 4D 6F 75 6D 6F 75 5F 3E
③　3C 4D 6F 7E 63 68 62 69 3E

第3章

問 20　画像の画素数を表すために使用される単位として，最も適当なものを，次の**⓪**〜
③のうちから一つ選べ。

⓪　ピクセル　　　**①**　バイト　　　**②**　ビット　　　**③**　ヘルツ

問 21　データの圧縮に関する記述として，最も適当なものを，次の**⓪**〜**③**のうちから一
つ選べ。

⓪　可逆圧縮は，圧縮後のデータを圧縮前と同じデータに戻すことができる圧縮方式
である。可逆圧縮を用いるファイル形式として，JPEG や MP3 がある。
①　非可逆圧縮は，圧縮後のデータを圧縮前と同じデータに戻すことのできない圧縮
方式である。非可逆圧縮を用いるファイル形式として，PNG や ZIP がある。
②　一般的に，非可逆圧縮よりも可逆圧縮の方が圧縮率が高いが，非可逆圧縮では複
数のファイルをまとめて 1 つの圧縮ファイルにすることはできない。
③　ファイルを圧縮することで，そのデータの基本的な情報を失わずに通信を効率化
することができる。

問 22　可逆圧縮に関する記述として，<u>適当でないもの</u>を，次の**⓪**〜**③**のうちから一つ選
べ。

⓪　LZ 圧縮では，圧縮対象のデータ中で出現した文字列を辞書に登録し，その辞書
を使って符号化を行う。
①　ランレングス法では，同じデータが繰り返し現れるパターンがなくてもデータ量
を減らすことができる。
②　ハフマン符号化とは，出現頻度の高いパターンに短いビット列を割り当てる圧縮
法であり，様々な可逆圧縮方式で広く使用されている。
③　文字データやプログラムなど，少しでもデータが欠けると正しく利用できない
ファイルには可逆圧縮を用いる。

問23 非可逆圧縮に関する記述として, <u>適当でないもの</u>を, 次の⓪~③のうちから一つ選べ。

⓪　JPEG では, すべての色を1つずつ分類し, 同じ色に符号をつけてまとめることで圧縮している。

①　インターネットで扱われる音声データは, 人間には聴き取ることが難しい高音や, 大きな音の周辺の聞き分けにくい周波数の音などを消去することで圧縮されている。

②　一般的に, DVD や地上波デジタル放送では MPEG-2, インターネットやモバイル通信では MPEG-4 が用いられている。

③　DVD やブルーレイディスクに保存される動画では, フレーム間の差分だけを検出して利用したり, 動きを予測したりして, データ量を小さく抑えている。

問24 音に関する記述として, 最も適当なものを, 次の⓪~③のうちから一つ選べ。

⓪　1つの音の波が伝わる時間を周期といい, 周期の単位はビット毎秒[bps]である。

①　振幅が大きければ大きいほど, 音は低くなる。

②　1秒間に含まれる音の波の数を周波数といい, 周波数の単位はヘルツ[Hz]である。

③　周波数が高ければ高いほど, 大きな音になる。

問25 次の説明文中の空欄 ア ~ オ に入れる語句の組合せとして, 最も適当なものを, 後の⓪~③のうちから一つ選べ。

　音をマイクロフォンでとらえると, 図1のように連続的に変化するアナログの電気信号に変換される。その後, 図2のように, アナログ信号の横軸にそって一定の間隔で波の高さを取り出す。これを ア といい, ア を行うときの1秒あたりの周波数を Hz という単位を用いて表す。

　次に図3のように, ア で得られた波の高さをあらかじめ定められた目盛りの内で最も近い値に変換する。これを イ という。このとき, 目盛の間隔を決めるのが イ ビット数になる。 イ ビット数が4ビットなら, データは ウ 段階で表される。

　そして図4のように, イ で得られた値を エ し, 定められた桁数で表している。このように音の波形を記録する方式を オ 方式という。

図1

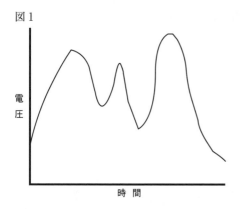

電圧

時　間

図2

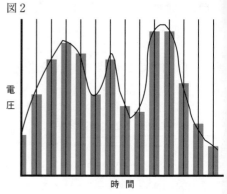

電圧

時　間

図3

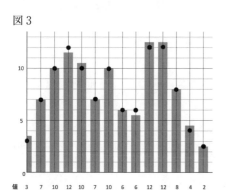

値　3　7　10　12　10　7　10　6　6　12　12　8　4　2

図4

3	7	10	12	…
0011	0111	1010	1100	…

	ア	イ	ウ	エ	オ
⓪	標本化	符号化	8	量子化	NSA
①	符号化	量子化	16	標本化	PCM
②	標本化	符号化	8	量子化	NSA
③	標本化	量子化	16	符号化	PCM

問 26　音のデジタル化に関する記述として，最も適当なものを，次の⓪～③のうちから一つ選べ。

⓪　標本化周期が長いほど，元のアナログ波形に近くなる。
①　標本化周期はデジタル化する音の周期と一致させる必要がある。
②　量子化における段階値の間隔が短いほど，元のアナログ波形に近くなる。
③　標本化周波数や量子化ビット数を大きくすると，いずれの場合も，デジタル化した後のデータ量が小さくなる。

問 27　音のデジタル化に関する記述として，最も適当なものを，次の⓪～③のうちから一つ選べ。

⓪　量子化ビット数が大きくなるほど，元のアナログ波形から遠くなる。
①　標本化周期が大きくなるほど，デジタル化した後のデータ量は大きくなる。
②　ビットレートが小さくなるほど，デジタル化した後のデータ量は大きくなる。
③　標本化周波数が高くなるほど，元のアナログ波形に近くなる。

問 28　音声データのコーデックのうち，非可逆圧縮を使用するものとして，最も適当なものを，次の⓪～③のうちから一つ選べ。

⓪　Apple Lossless　　①　AAC　　②　MIDI　　③　FLAC

問 29　デジタル画像に関する記述として，最も適当なものを，次の⓪～③のうちから一つ選べ。

⓪　画像を1つ1つの画素の集合として表すものをビットマップ画像（ラスタ画像）という。
①　ディスプレイではC（シアン），M（マゼンタ），Y（イエロー）の3色を組み合わせて色を表現している。
②　画像やディスプレイなどの解像度は「縦の画素数×横の画素数」の順序で表される。
③　それぞれの原色についての明るさの段階数を階調といい，階調が大きいほど表現できる色が少なくなる。

問30 解像度に関する記述として，**適当でないもの**を，次の⓪～③のうちから一つ選べ。

⓪ 解像度が高いほど画像を滑らかに表現可能であり，元の形に近い画像になる。

① ディスプレイでの 3,840×2,160 ドットの解像度は「4K2K」または単に「4K」と呼ばれている。

② ディスプレイを大きくすると，解像度が自動的に高くなる。

③ 印刷解像度は1インチあたりに印刷できるドットの数で表され，単位に dpi を用いる。

問31 解像度が XGA（1,024×768 ピクセル），色が RGB それぞれ 256 階調で表されるビットマップ画像のデータ量を求めるとき，次の文章中の空欄 ア ～ オ に入れる数の組合せとして最も適当なものを，後の⓪～③のうちから一つ選べ。なお，データ量は1B（Byte）＝8bit，1KB＝1,024B，1MB＝1,024KB とする。

このビットマップ画像の画素数は 1,024×768＝786,432 ピクセルである。
一方，階調の表現に必要なデータ量は ア bit であることから，1画素の色情報を表現するために必要なデータ量は イ B である。
したがって，このビットマップ画像のデータ量は，
786,432× イ ÷ ウ ＝ エ KB＝ オ MB である。

⓪ ア 256　イ 24　ウ 1,024　エ 8,432　オ 8.23
① ア 8　イ 24　ウ 8　エ 2,359,296　オ 2,304
② ア 256　イ 3　ウ 8　エ 254,912　オ 288
③ ア 8　イ 3　ウ 1,024　エ 2,304　オ 2.25

問 32　画像を作成・処理するソフトに関する説明として，最も適当なものを，次の **⓪** ～
　　　 ③ のうちから一つ選べ。

　　　⓪　ペイント系ソフトウェアでは，画像を拡大してもジャギーは生じない。
　　　①　ドロー系ソフトウェアでは，ラスタ形式の画像を扱う。
　　　②　ペイント系ソフトウェアでは，基準となる点からの座標や，角度，太さなどで画
　　　　　像を表現する。
　　　③　ドロー系ソフトウェアでは，画像の変形や回転が容易であり，幾何学的な図形を
　　　　　作画するのに適している。

問 33　画像データのファイル形式に関する説明として，最も適当なものを，次の **⓪** ～ **③**
　　　 のうちから一つ選べ。

　　　⓪　GIF は非可逆圧縮のファイル形式であり，256 色まで扱える。
　　　①　PNG は可逆圧縮のファイル形式であり，フルカラーを扱える。
　　　②　BMP は非可逆圧縮のファイル形式であり，Web 上で標準的に使用されるファイ
　　　　　ル形式である。
　　　③　JPEG は標準的な無圧縮のファイル形式であり，画像の劣化がない。

問 34　デジタル画像の色深度を表すために使用される単位として，最も適当なものを，
　　　 次の **⓪** ～ **③** のうちから一つ選べ。

　　　⓪　ピクセル　　　　**①**　bps　　　　　**②**　Hz　　　　　**③**　ビット

問 35　動画の仕組みに関する説明として，適当なものを，次の **⓪** ～ **③** のうちから二つ選べ。

　　　⓪　映像として動いているように見えるのは，「映像が動いている」という人間の強
　　　　　い心情によるものである。
　　　①　動画で扱う 1 枚 1 枚の画像をフレームと呼び，単位時間に表示するフレームの数
　　　　　をフレームレートと呼ぶ。
　　　②　動画は，わずかに異なる静止画像を短い時間間隔で連続して表示することで作ら
　　　　　れる。
　　　③　動画のデータ量は大きいが，放送やインターネットなどでは画質の劣化を防ぐた
　　　　　めに圧縮技術を活用しないで送信している。

問 36 動画のフレームレートを表すために使用される単位として，最も適当なものを，次の⓪〜③のうちから一つ選べ。

⓪ ビット   ① 秒   ② bps   ③ fps

問 37 動画データに用いられるコーデックの名称として，<u>適当でないもの</u>を，次の⓪〜③のうちから一つ選べ。

⓪ H. 265（HEVC）   ① AV1   ② WMA   ③ VP9

問 38 動画の圧縮技術に関する説明として，<u>適当でないもの</u>を，次の⓪〜③のうちから一つ選べ。

⓪ 動画は映像と音声を両方扱うため，その煩雑さを考慮しビデオコーデックが１つに定められている。

① 動画はフレーム間での差分を検出したり，動きを予測するなどして，データ量を圧縮している。

② 動画を圧縮・展開する技術やアルゴリズムをビデオコーデックという。

③ H. 264 は，インターネット上での動画配信に広く使用されている音声・動画の圧縮規格である。

2　コンピュータの仕組み

問 39　マルチコアプロセッサに関する記述として，最も適当なものを，次の⓪～③のうちから一つ選べ。

⓪　一台の PC に複数のマイクロプロセッサを搭載し，各プロセッサで同時に同じ処理を行うことによって，処理結果の信頼性を向上させるものである。

①　演算装置の構造とクロック周波数が同じであれば，クアッドコアプロセッサはデュアルコアプロセッサの 4 倍の処理能力を持つ。

②　処理の負荷に応じて，一時的にクロック周波数を高くして処理を行うことで，処理速度を向上させるものである。

③　1 つの CPU 内に演算などを行う処理回路を複数個もち，それぞれが同時に別の処理を実行することによって処理能力の向上を図ることを目的とする。

問 40　CPU の性能に関する記述として，最も適当なものを，次の⓪～③のうちから一つ選べ。

⓪　32 ビット CPU と 64 ビット CPU では，32 ビット CPU の方が一度に処理できるデータのサイズが大きい。

①　CPU 内のキャッシュメモリの容量が少ないほど処理能力が向上する。

②　同じ構造の CPU において，クロック周波数を上げると処理能力が向上する。

③　CPU の性能を示すクロック周波数を表す単位は「HP」で表すことができる。

問 41　機械的な可動部分がなく，データを高速に処理でき，消費電力が少ないという特徴をもつ補助記憶装置を，次の⓪～③のうちから一つ選べ。

⓪　CD　　　　　①　DVD　　　　　②　HDD　　　　　③　SSD

問 42 PC と周辺機器などを無線で接続するインタフェースの規格の名称を，次の**⓪**～**③**のうちから一つ選べ。

⓪ Lightning   **①** Bluetooth   **②** HDMI   **③** USB Type-C

問 43 データの出力装置の例として，最も適当なものを，次の**⓪**～**③**のうちから一つ選べ。

⓪ キーボード   **①** プリンタ   **②** スキャナ   **③** メモリ

問 44 コンピュータを構成する各装置において，データなどのやり取りをする際に各装置の間で動作のタイミングを合わせるために使われるものを，次の**⓪**～**③**のうちから一つ選べ。

⓪ キャッシュメモリ   **①** クロック
② プログラムカウンタ   **③** チェックディジット

問 45 クロック周波数が 2.5 GHz である CPU のクロック周期を，次の**⓪**～**③**のうちから一つ選べ。ただし，1 GHz は 10^9 Hz，1 ナノ秒は 10^{-9} 秒，1 マイクロ秒は 10^{-6} 秒とする。

⓪ 0.5 ナノ秒   **①** 0.5 マイクロ秒   **②** 0.4 ナノ秒   **③** 0.4 マイクロ秒

問 46 あるプログラムにおいて，命令 A～E をそれぞれ実行するために必要なクロック数は 4，10，14，12，6 である。クロック周波数が 2.3 GHz である CPU で，命令 A～E を 1 回ずつ実行するのに必要な時間を，次の**⓪**～**③**のうちから一つ選べ。ただし，1 GHz は 10^9 Hz，1 ナノ秒は 10^{-9} 秒とする。

⓪ 2 ナノ秒   **①** 20 ナノ秒   **②** 23 ナノ秒   **③** 46 ナノ秒

問47　次の4行4列のパネルを，黒マスを1，白マスを0とする符号に基づくビット列で表すものとする。例えば，下図左のパネルは【1111011001101001】というビット列で表される。以下の2つのパネルを表すビット列を論理積（AND）回路に入力して得られるビット列を，この符号の規則に基づいて復号した結果として最も適当なものを，後の⓪〜③のうちから一つ選べ。

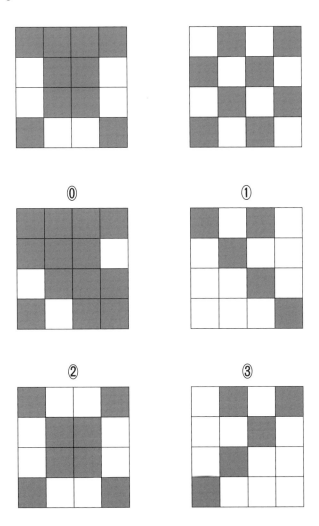

第3章

問 48 次の真理値表と同じ出力が得られる論理回路として最も適当なものを，後の⓪〜③のうちから一つ選べ。

入力		出力
A	B	L
0	0	1
0	1	1
1	0	1
1	1	0

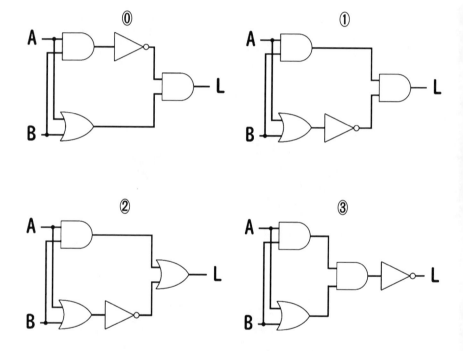

3　計算誤差

問49　10 進法の 0.125 を 2 進法で表現した値として最も適当なものを，次の ⓪ 〜 ③ のうちから一つ選べ。

⓪　0.1

①　0.01

②　0.001

③　0.0001

問50　10 進法の 0.2 を 2 進法に変換するときの処理について，次の問いに答えよ。

(1)　小数点以下 4 桁までの 2 進法で表したときの値として，最も適当なものを，次の ⓪ 〜 ③ のうちから一つ選べ。

⓪　0.0111

①　0.0001

②　0.1111

③　0.0011

(2)　(1)の数を 10 進法に戻すとき，元の値である 0.2 との丸め誤差の値として，最も適当なものを，次の ⓪ 〜 ③ のうちから一つ選べ。

⓪　0.0125

①　0.00125

②　0.025

③　0.0025

問51 次の 10 進法表記された数のうち，有限桁の 2 進法で表現した際に誤差が生じる数として最も適当なものを，**⓪**～**③**のうちから一つ選べ。

⓪ 0.25

① 0.875

② 0.3

③ 0.5

4 アルゴリズムとプログラミング

問52　アルゴリズムの説明として最も適当なものを，次の⓪～③のうちから一つ選べ。

⓪　コンピュータに命令を指示する言語を用いて表したテキスト
①　1行ずつ機械語に変換し実行する環境
②　問題を解決するための方法や手順
③　問題解決の手続きを視覚的に分かりやすく表現した図

問53　次の出力結果が得られるフローチャートとして，最も適当なものを，後の⓪～③のうちから一つ選べ。

```
a は 0 です。
a は 1 です。
a は 2 です。
a は 3 です。
a は 4 です。
a は 5 です。
```

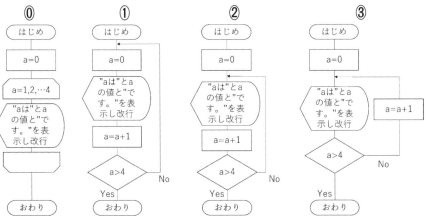

問 54 次のプログラムを正しく動作させるために 1 行だけ修正する場合何行目を修正すればよいか。最も適当なものを，後の **⓪** ～ **③** のうちから一つ選べ。

```
(01)   a =【外部からの入力】
(02)   b = a % 2                    #行 A
(03)   もし b == 0 ならば：          #行 B
(04)   │  表示する(a, "は奇数です")  #行 C
(05)   そうでなければ：
(06)   └  表示する(a, "は偶数です")  #行 D
```

⓪ 行 A   **①** 行 B   **②** 行 C   **③** 行 D

問 55 次のプログラムを実行し，いろいろな入力を与えたときに表示される値として<u>適当でないもの</u>を，後の **⓪** ～ **③** のうちから一つ選べ。

```
(01)   number =【外部からの入力】
(02)   もし number >= 0 ならば：
(03)   │  表示する(number)
(04)   そうでなければ：
(05)   │  number = (-1)*number
(06)   └  表示する(number)
```

⓪ 5   **①** 7   **②** 0   **③** −2

問 56　次のプログラムの実行結果として正しい記述を，後の **⓪** 〜 **③** のうちから一つ選べ。
なお**平方根**（数値）は引数の「数値」の正の平方根を返す関数とする。

```
(01)  a =【外部からの入力】
(02)  b =【外部からの入力】
(03)  c =【外部からの入力】
(04)  もし a == 0 ならば：
(05)  │  表示する("2 次方程式になりません")
(06)  そうでないならば：
(07)  │  d = b**2-4*a*c
(08)  │  もし d > 0 ならば：
(09)  │  │  x1 = (－b ＋ 平方根(d))/(2*a)
(10)  │  │  x2 = (－b － 平方根(d))/(2*a)
(11)  │  │  表示する("2 次方程式",a,"x^2+",b,"x+",c,"=0 の解は",x1,"と",x2,"です")
(12)  │  そうでなくもし d == 0 ならば：
(13)  │  │  x1 = (－b ＋ 平方根(d))/(2*a)
(14)  │  │  表示する("2 次方程式",a,"x^2+",b,"x+",c,"=0 の解は",x1,"です")
(15)  │  そうでなければ：
(16)  └  └  表示する("2 次方程式の実数解はありません")
```

⓪　2，3，1 の順に入力すると，方程式の解として 1 つの数値が表示される。

①　0，2，3 の順に入力すると，『2 次方程式の実数解はありません』と表示される。

②　3，1，0 の順に入力すると，『2 次方程式になりません』と表示される。

③　1，3，2 の順に入力すると，方程式の解として 2 つの数値が表示される。

問57 次のように規則的に数が並んでいる。

$$0, 1, 1, 2, 3, 5, 8, 13, 21, \cdots$$

これは，初めの2つの数を0と1と定義し，これを第1項・第2項とする。次の数は0と1を足した1，その次の数は1と1を足した2，その次の数は1と2を足した3にするということを繰り返し行って作られた数列である。

この数列の第15項までを求めるため，次のプログラムを作成した。

```
(01)   F0 = 0
(02)   F1 = 1
(03)   表示する(F0)
(04)    ア  回繰り返す:
(05)   │   表示する(F1)
(06)   │   F2 = F1 + F0
(07)   │    イ
(08)   └    ウ
```

(1) ア に入れる数として最も適当なものを，次の⓪〜③のうちから一つ選べ。

⓪ 14   ① 15   ② 13   ③ 12

(2) イ および ウ に入れるものの組合せとして最も適当なものを，次の⓪〜③のうちから一つ選べ。

⓪ イ : F0 = F0 + 1   ウ : F1 = F1 + 1
① イ : F0 = F1   ウ : F2 = F1
② イ : F2 = F1   ウ : F1 = F0
③ イ : F0 = F1   ウ : F1 = F2

問58　乱数を用いてコンピュータとじゃんけんをし，その結果を表示するプログラムを
作成する。ただし，**乱数**(0,2)は 0,1,2 のいずれかをランダムに返す関数とする。

```
(01)  Hands = ["グー","チョキ","パー"]
(02)  表示する("これからじゃんけんを行います")
(03)  表示する("グーは 0，チョキは 1，パーは 2 を入力してください")
(04)  user =【外部からの入力】
(05)  表示する(Hands[user],"ですね")
(06)  com = 乱数(0,2)
(07)  表示する("コンピュータは",Hands[com],"を出しました")
(08)  もし  ア  ならば:
(09)  │   表示する("あいこですね")
(10)  そうでなければ:
(11)  │   もし user == 0 ならば:
(12)  │   │   もし com == 1 ならば:
(13)  │   │   │   表示する("あなたの  イ  です")
(14)  │   │   そうでなくもし com == 2 ならば:
(15)  │   │   └   表示する("あなたの  ウ  です")
(16)  │   そうでなくもし user == 1 ならば:
…(以下略)
```

⑴　08 行目の ア に入れるのに最も適当なものを，次の ① ~ ③ のうちから一つ
選べ。

⓪ user >= com　　① user <= com

② user != com　　③ user == com

⑵　13 行目および 15 行目の イ および ウ に入れる文字列の組合せとして最
も適当なものを，次の ⓪ ~ ③ のうちから一つ選べ。

⓪　 イ ：勝ち　　 ウ ：負け
①　 イ ：負け　　 ウ ：勝ち
②　 イ ：勝ち　　 ウ ：勝ち
③　 イ ：負け　　 ウ ：負け

問59 次のプログラムについて，後の問に答えよ。ただし，要素数(a)は配列 a の要素数を返す関数とする。

```
(01)   a = [2,8,6,10,4]
(02)   n = 要素数(a)
(03)   i を 0 から n - 1 まで 1 ずつ増やしながら繰り返す:
(04)   │   j を n - 2 から i - 1 まで 1 ずつ減らしながら繰り返す:
(05)   │   │   もし a[j] < a[j + 1]ならば
(06)   │   │   │   t = a[j]
(07)   │   │   │   a[j] = a[j + 1]
(08)   └   └   └   a[j + 1] = t
(09)   表示する(a)
```

⑴ このプログラムを実行したときの表示として最も適当なものを，次の ⓪ ～ ③ のうちから一つ選べ。

⓪ [10,8,6,4,2]
① [2,4,6,8,10]
② [4,10,6,8,2]
③ [2,8,6,10,4]

⑵ (05)行目の「a[j] < a[j + 1]」を「a[j] > a[j + 1]」に変え，実行したときの表示として最も適当なものを，次の ⓪ ～ ③ のうちから一つ選べ。

⓪ [10,8,6,4,2]
① [2,4,6,8,10]
② [4,10,6,8,2]
③ [2,8,6,10,4]

問 60　データが順番に並んだ配列の中から目的のデータを探す際に，先頭から順番に調べる方法の名称として最も適当なものを，次の**⓪**〜**③**のうちから一つ選べ。

⓪　二分探索　　　**①**　線形探索
②　ハッシュ探索　　**③**　ハッシュチェイン探索

問 61　データが昇順または降順に整列されている配列に対して，探索範囲を半分に狭めるという探索を繰り返して探索値を絞り込んでいく方法の名称として最も適当なものを，次の**⓪**〜**③**のうちから一つ選べ。

⓪　二分探索　　　**①**　線形探索
②　ハッシュ探索　　**③**　ハッシュチェイン探索

問 62　9 個のデータからなる配列の中から，目的の値を線形探索を用いて探し出すとき，平均探索回数として最も適当なものを，次の**⓪**〜**③**のうちから一つ選べ。

⓪　5 回　　　　**①**　9 回　　　　**②**　10 回　　　　**③**　18 回

問 63　16 個のデータからなる配列の中から，目的の値を二分探索を用いて探し出すとき，最大探索回数として最も適当なものを，次の**⓪**〜**③**のうちから一つ選べ。

⓪　8 回　　　　**①**　6 回　　　　**②**　5 回　　　　**③**　3 回

第3章

5 モデル化とシミュレーション

問 64 時間の経過がモデルの挙動に影響を与えるモデルの名称として最も適当なものを、次の⓪〜③のうちから一つ選べ。

⓪ 確定的モデル　① 動的モデル

② 静的モデル　③ 物理モデル

問 65 A社ではアイスクリームを、B社ではおでんを製造し販売している。A社では、例年よりも気温が低い予報が出たときにはアイスクリームが売れず、100万円の損失が出てしまう。この損失を防ぐために、その日に販売予定のアイスクリームを保存しておくための冷凍庫を利用することができるが、利用料として1日あたり40万円の費用がかかる。一方B社では、例年よりも気温が高い予報が出たときにはおでんが売れず、1日あたり100万円の損失が出てしまう。この損失を防ぐためには、その日に販売予定のおでんを保存しておくための冷凍庫利用料を支払う必要があり、1日あたり30万円の費用がかかる。

例年よりも気温が低くなる確率が50%、例年並みとなる確率が30%、高くなる確率が20%のとき、冷凍庫を用意することが適当かどうかに関する正しい記述を、次の⓪〜③のうちから一つ選べ。

⓪ A社もB社も製品保存のための冷凍庫を用意していた方がよい。

① A社もB社も製品保存のための冷凍庫を用意する必要はない。

② A社は冷凍庫を用意した方がよく、B社は用意する必要はない。

③ A社は冷凍庫を用意する必要はなく、B社は用意した方がよい。

問66　陸上競技の $4 \times 100\,\mathrm{m}$ リレーにおいて第1走者と第2走者の間のバトンパスは，第1走者のスタート地点から $80\,\mathrm{m}$ 以上 $110\,\mathrm{m}$ 未満の地点で行われなければいけない。次の表は第1走者と第2走者がそれぞれ走り出してからの経過時間に対する走行距離を表している。

第1走者

時間(秒)	7	8	9	10	11	12	13	14
距離(m)	49	57	65	73	81	89	97	105

第2走者

時間(秒)	0	1	2	3	4	5	6	7
距離(m)	0	3	9	17	25	33	41	49

　最も効率よくバトンパスを行うためには，第2走者は第1走者が何m手前まで来た時に走り出すのがよいか。最も適当なものを，次の⓪〜③のうちから一つ選べ。

⓪　4 m　　　　①　5 m　　　　②　6 m　　　　③　7 m

情報通信ネットワークとデータの活用

全 84 問

　本章では，ネットワークで通信を行うための基本的な考え方や仕組みを扱った上で，データの活用による問題解決の考え方や方法を扱います。データの整理・分析に関する問題では，ネットワークなどから収集したデータからの図表の作成や，図表からの読み取りや考察について問われることが多いと考えられます。また本章は，多くの学校で年度の後半に学ぶことから，学習時間が不足しやすい分野です。

　そこで本章では，様々な形でデータを収集して管理・分析する一連の流れに関する問題を掲載し，解説も充実させています。

目標

- ☐ ネットワークを通して通信を行うための仕組みや構成を理解する。
- ☐ 通信の確実性や安全性を守るためのセキュリティ技術の基本を理解する。
- ☐ データの分類や収集方法，データベースによるデータの管理・活用の基本を理解する。
- ☐ データの扱いに関する数学的な理解を元に，基本的なデータの整理・分析方法を理解する。

1　情報通信ネットワークの仕組みと役割

問1　コンピュータがハブ・プロバイダ・ルータを介して有線でインターネットに接続するときの順序として最も適当なものを，次の⓪〜③のうちから一つ選べ。

⓪　インターネット　—　ハブ　—　プロバイダ　—　ルータ　—　コンピュータ
①　インターネット　—　プロバイダ　—　ハブ　—　ルータ　—　コンピュータ
②　インターネット　—　プロバイダ　—　ルータ　—　ハブ　—　コンピュータ
③　インターネット　—　ルータ　—　ハブ　—　プロバイダ　—　コンピュータ

問2　ネットワークの仕組みについての記述として最も適当なものを，次の⓪〜③のうちから一つ選べ。

⓪　会社や学校など比較的狭い範囲の中で構築されるネットワークをLANといい，LANを構成するためには，ルータという機器が必要である。また，LAN同士を結合し，より広域なネットワークを構成する際には，ハブという機器が必要である。
①　ネットワークを用いた分散処理システムにおいて，サービスを提供するコンピュータとサービスを要求する側のコンピュータが明確に分かれているものをピアツーピアシステム，コンピュータがすべて対等な関係にあるものをクライアントサーバシステムという。
②　プロキシサーバは，一度閲覧したWebページのデータを保存するキャッシュ機能を有しているサーバであり，クライアントの代わりにWebサーバに接続する役割を担っている。
③　無線LANにおいて，その接続の際に使用するパスワードのことをSSIDという。

問3　WANについての説明として最も適当なものを，次の⓪〜③のうちから一つ選べ。

⓪　コンピュータ同士を接続してお互いにデータをやり取りするための通信網で，限られた区域内のネットワーク

①　コンピュータ同士を接続してお互いにデータをやり取りするための通信網で，通信事業者の回線を利用した，より広域なネットワーク

②　コンピュータ同士を接続してお互いにデータをやり取りするための通信網で，携帯電話回線を使って，回線がパンクしないように工夫・進化してきた日本独自のネットワーク

③　コンピュータ同士を接続してお互いにデータをやり取りするための通信網で，大容量データの送信や受信に適した次世代の通信規格

第4章

問4　ネットワークの「ハブ」についての説明として最も適当なものを，次の⓪〜③のうちから一つ選べ。

⓪　インターネットの接続を提供する事業者

①　ケーブルを集線・延長してネットワークを構成する機器

②　電波と信号を相互に変換して，光ケーブルを通じた交換局との信号の送受信を行う装置

③　異なるネットワーク同士を接続し，データを中継する装置

問5　ハブを示した画像として最も適当なものを，次の⓪〜③のうちから一つ選べ。

⓪　①　②　③

（出典）YAMAHA「アイコン・外観写真ダウンロード」
https://network.yamaha.com/support/download/tool/（CC BY-ND 4.0）

問6 LAN と Wi-Fi の関係についての記述として最も適当なものを，次の**⓪**～**③**のうちから一つ選べ。

⓪ 特定の場所で使われるネットワークのうち，企業や学校で使われるものを LAN，家庭で使われるものを Wi-Fi という。

① LAN のうち，セキュリティポリシーなどの審査が行われ，一定の水準を満たしていると認定されたものを Wi-Fi という。

② 無線を使用して LAN を構築する規格の一つを Wi-Fi という。

③ LAN の種類は，Lo-Fi，Wi-Fi，Hi-Fi の 3 つに区分される。

問7 次の文章の空欄 **A** ～ **C** に入れるものの組合せとして最も適当なものを，後の**⓪**～**⑤**のうちから一つ選べ。

家庭や学校にある端末を **A** を経由してインターネットに接続する際には，いくつかの機器が必要になる。**B** は，それぞれの端末から **A** に接続するための SSID を提供する機能をもつ機器であり，それぞれの端末を **B** が提供する SSID に接続することで，インターネットに接続することが可能になる。一方，**C** は，**A** 内にある複数の端末がインターネット上で通信を行えるように，それぞれの端末に IP アドレスを割り当て，**C** に届いたパケットを適切な端末に送る機能をもつ機器である。現在製造されている機器のうちには，**B** と **C** の両方の機能を持つものも多くある。

⓪ A ルータ B アクセスポイント C 無線 LAN

① A アクセスポイント B ルータ C 無線 LAN

② A ルータ B 無線 LAN C アクセスポイント

③ A アクセスポイント B 無線 LAN C ルータ

④ A 無線 LAN B ルータ C アクセスポイント

⑤ A 無線 LAN B アクセスポイント C ルータ

問8 様々なモノがインターネットにつながり相互に情報交換する考え方の名称として最も適当なものを，次の**⓪**～**③**のうちから一つ選べ。

⓪ HTTP **①** IoT **②** Society 5.0 **③** ONU

問9　近年では無線通信の普及が進み，家の中などのごく狭い範囲で通信を行う機器が増加している。このような機器が無線通信に用いるプロトコルとして最も適当なものを，次の⓪～③のうちから一つ選べ。

⓪　Bluetooth　　　①　GPS　　　②　IEEE 754　　　③　ADSL

問10　5G通信を利用可能なスマートフォンにおける「5G」についての記述として最も適当なものを，次の⓪～④のうちから一つ選べ。

⓪　「5G」は「5 Gbps」のことで，ネットワークの通信速度が最大5 Gbps であることを示している。

①　「5G」は「5 GB」のことで，月ごとに通信できるデータ量の上限が5 GB であることを示している。

②　「5G」は「5 Gbit」のことで，再生できる動画の最大サイズが5 Gbit，つまり625 MB であることを示している。

③　「5G」は「5 GHz」のことで，通信時に利用する周波数帯が5 GHz 帯であることを示している。

④　以上の選択肢には，「5G」についての正しい説明はない。

問11　スマートフォンが行う通信におけるデータ量についての記述として最も適当なものを，次の⓪～③のうちから一つ選べ。

⓪　スマートフォンがキャリア回線で通信する場合はパケットのデータ量が多くなるが，Wi-Fi で通信する場合はパケットのデータ量がゼロになる。

①　スマートフォンがキャリア回線で通信する場合はパケットのデータ量がゼロになるが，Wi-Fi で通信する場合はパケットのデータ量が多くなる。

②　スマートフォンがキャリア回線で通信する場合も Wi-Fi で通信する場合も，パケットのデータ量はゼロである。

③　スマートフォンがキャリア回線で通信する場合も Wi-Fi で通信する場合も，パケットのデータ量はゼロではない。

問12 ある Web ページの URL が「`https://publish.kawaii.go.jp`」であるとき，この Web ページについての記述として最も適当なものを，次の **⓪** ～ **③** のうちから一つ選べ。

⓪ この Web ページは株式会社河合出版の公式サイトである。
① この Web ページに接続するときには暗号化通信は使用されない。
② この Web ページの URL のサブドメインは kawaii である。
③ この Web ページは日本政府に関係しているページである。

問13 さくらさんのメールアドレスが「`sakura@abccompany.co.jp`」，かえでさんのメールアドレスが「`kaede@abccompany.co.jp`」であるとき，これらのメールアドレスについての記述として最も適当なものを，次の **⓪** ～ **④** のうちから一つ選べ。

⓪ さくらさんにメールを送るときは，送信先のメールアドレスを
「`sakura@abccompany.jp`」とすればよい。
① さくらさんとかえでさんにメールを送るときは，送信先のメールアドレスを
「`sakura+kaede@abccompany.co.jp`」とすればよい。
② 「`abccompany.co.jp`」のドメインの全てのメールアドレスにメールを送るときは，送信先のメールアドレスを「`@abccompany.co.jp`」とすればよい。
③ かえでさん以外の「`abccompany.co.jp`」のドメインの全てのメールアドレスにメールを送るときは，「`-kaede@abccompany.co.jp`」とすればよい。
④ 以上の選択肢には，これらのメールアドレスについての正しい説明はない。

問14 3 GB のデータを9秒で転送できたとき，この通信の速度を小数第3位で四捨五入すると ア . イ ウ Gbps である。 ア ～ ウ に入る値を答えよ。

問15 通信速度が 1 Gbps のとき，200 MB のデータを転送するのにかかる時間は ア . イ 秒である。 ア ・ イ に入る値を答えよ。ただし，1 GB = 1000 MB とする。

2　通信プロトコルとデータ通信

問 16　ネットワークで階層化された設計を用いることの利点を説明した文として最も適当なものを，次の⓪～③のうちから一つ選べ。

⓪　設計を階層化することで，下位の階層でデータの欠落が生じて訂正不可能な場合でも，上位の階層でデータを補って通信を行うことができる。

①　設計を階層化することで，下位の階層の具体的な実装内容を知らなくても，上位の階層の実装を行うことができる。

②　設計を階層化することで，下位の階層にセキュリティ上の脆弱性が存在しても，上位の階層で問題を修正することができる。

③　設計を階層化することで，下位の階層が低速な通信しか行えない場合にも，上位の階層では高速な通信を行うことができる。

問 17　次のうち，プロトコルの階層と，その階層におけるプロトコルの具体例の組合せとして最も適当なものを，次の⓪～⑤のうちから一つ選べ。

	インターネット層	トランスポート層	ネットワークインタフェース層
⓪	TCP	Ethernet	IP
①	TCP	IP	Ethernet
②	IP	Ethernet	TCP
③	IP	TCP	Ethernet
④	Ethernet	IP	TCP
⑤	Ethernet	TCP	IP

第4章

問 18 TCP/IP を用いて通信を行うとき，送信側の通信手順として最も適当なものを，次の ⓪ ～ ③ のうちから一つ選べ。

⓪　アプリケーション層→トランスポート層→インターネット層→ネットワークインタフェース層

①　ネットワークインタフェース層→インターネット層→トランスポート層→アプリケーション層

②　アプリケーション層→インターネット層→ネットワークインタフェース層→トランスポート層

③　インターネット層→アプリケーション層→トランスポート層→ネットワークインタフェース層

問 19 IPv4 の後継として IPv6 の策定が求められた背景についての記述として最も適当なものを，次の ⓪ ～ ③ のうちから一つ選べ。

⓪　IPv4 で規定しているケーブルの端子部分の強度が低く破損しやすいため，より強度の高いケーブルを使用する IPv6 の策定が必要になった。

①　IPv4 で割り当てられる IP アドレスの数が少なく不足してきたため，より多くのアドレスを割り当てられる IPv6 の策定が必要になった。

②　IPv4 で採用している誤り検出方式はパケットに含まれる誤りの訂正ができないため，誤り訂正の機能をもつ IPv6 の策定が必要になった。

③　IPv4 で使用している暗号化アルゴリズムの脆弱性が発見されたため，より強固で秘匿性の高い暗号を使用する IPv6 の策定が必要になった。

問 20 IPv4 で割り当てることが可能な IP アドレスの数の，理論上の上限として最も適当なものを，次の ⓪ ～ ③ のうちから一つ選べ。

⓪　255×4　　①　256×4　　②　255^4　　③　256^4

問 21　次の図のネットワークで機器間の通信が問題なく行えているとき，ルータ 3 の経路制御表（ルーティングテーブル）におけるパケットの転送先の組合せとして最も適当なものを，後の**⓪**～**③**のうちから一つ選べ。

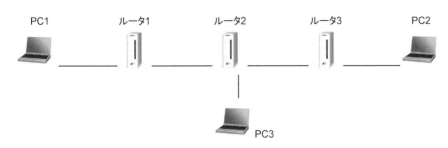

（出典）YAMAHA「アイコン・外観写真ダウンロード」
https://network.yamaha.com/support/download/tool/（CC BY-ND 4.0）

表　ルータ 3 の経路制御表

宛先	パケットの転送先			
	⓪	①	②	③
PC 1	ルータ 2	ルータ 1	PC 1	PC 1
PC 2	PC 2	ルータ 3	ルータ 2	PC 2
PC 3	ルータ 2	PC 3	ルータ 2	PC 3

問 22　DHCP サーバの役割についての記述として最も適当なものを，次の**⓪**～**③**のうちから一つ選べ。

⓪　グローバルアドレスとプライベートアドレスを相互に変換する。
①　LAN 内の端末に重複なく IP アドレスを割り当てる。
②　ドメイン名と IP アドレスを相互に変換する。
③　サービス利用者が正規の利用者かどうか確認する。

問 23 TCP と UDP についての記述として最も適当なものを，次の **⓪** ～ **③** のうちから一つ選べ。

⓪ TCP はトランスポート層，UDP はインターネット層のプロトコルであり，相互に補完しながら機能する。

① TCP には誤り検出の機能があるが，UDP には誤り検出の機能がないため，二つを組み合わせて使う。

② TCP は UDP よりも通信速度が遅いため，現時点で既に，TCP を使うことは推奨されていない。

③ TCP は UDP よりも高度な機能をもつプロトコルであるため，使用用途に応じて使い分ける。

3　情報セキュリティ

問24　パスワードに関する記述として適当なものを，次の⓪～③のうちから二つ選べ。

⓪　管理者から割り当てられた初期パスワードはすぐに変更する。

①　誕生日やメールアドレスなど，わかりやすいものを用いて作成する。

②　アルファベットや数字・記号など，異なる文字種を組み合わせて作成する。

③　パスワードは紛失すると困るので手帳などに記入し，いつでも見られるようにしておく。

問25　ある Web サービスでは，ユーザー ID と組合せて使うパスワードとして，0 から 9 までの数字と，a から z までの小文字の英字を用いることができる。この Web サービスで設定可能なパスワードの長さが 6 文字に固定されているとき，使用できるパスワードの場合の数として最も適当なものを，次の⓪～③のうちから一つ選べ。

⓪　6^{36}　　①　6×36　　②　36^6　　③　$36 \times 35 \times 34 \times 33 \times 32 \times 31$

問26　横軸にパスワードに使用可能な文字の種類の数，縦軸に使用できるパスワードの場合の数をとったグラフの概形として最も適当なものを，次の⓪～③のうちから一つ選べ。ただし，パスワードの長さは 4 文字に固定されているものとする。

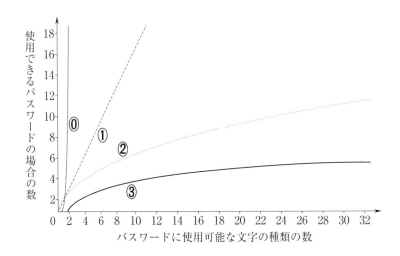

問 27 自分を含めた 10 名が，互いに共通鍵暗号で安全に通信を行うとき，必要なパスワードの個数は $\boxed{ア}\boxed{イ}$ 個である。$\boxed{ア}\cdot\boxed{イ}$ に入る値を答えよ。

問 28 自分を含めた 10 名が，互いに公開鍵暗号で安全に通信を行うとき，必要な秘密鍵の個数は $\boxed{ア}\boxed{イ}$ 個である。$\boxed{ア}\cdot\boxed{イ}$ に入る値を答えよ。

問 29 次の文章の空欄 $\boxed{A}$ ～ $\boxed{D}$ に入れるものの組合せとして最も適当なものを，後の ⓪ ～ ⑤ のうちから一つ選べ。

　　暗号の安全性に関する問題の一つとして，暗号化に使用する鍵をどのようにして相手と共有するか，という「鍵配送問題」がある。$\boxed{A}$ 暗号では，$\boxed{A}$ を送信者と受信者の間で共有しておかなければ暗号を復号することができないので，いずれかの時点で $\boxed{A}$ を送信者から受信者に送る必要がある。そのため，鍵の配送時に第三者に鍵が漏洩する可能性がある。一方，$\boxed{B}$ 暗号では，送信者と受信者の間で共有する必要があるのは $\boxed{B}$ だけである。$\boxed{B}$ は送信者と受信者だけでなく，世界中の人々と共有しても問題ない鍵であるから，Web サイトなどにアップロードすることも可能である。そのため，$\boxed{B}$ 暗号には「鍵配送問題」は存在しない。ただし，$\boxed{C}$ の $\boxed{D}$ は漏洩してはならないため，$\boxed{C}$ が厳重に保管しておく必要がある。

	A		B		C		D	
⓪	A 公開鍵	B 共通鍵	C 送信者	D 秘密鍵
①	A 公開鍵	B 共通鍵	C 受信者	D 秘密鍵
②	A 共通鍵	B 公開鍵	C 受信者	D 秘密鍵
③	A 共通鍵	B 公開鍵	C 送信者	D 秘密鍵
④	A 秘密鍵	B 公開鍵	C 送信者	D 公開鍵
⑤	A 秘密鍵	B 共通鍵	C 受信者	D 公開鍵

問 30 誤り検出符号を活用している事例として**適当でないもの**を，次の ⓪ ～ ③ のうちから一つ選べ。

　⓪ バーコード　　① URL　　② ISBN　　③ 二次元コード

問 31　次の文章の空欄 $\boxed{ア}$ に入れるのに，最も適当な数字を答えよ。

　　基本的な誤り検出符号の一つに，通信するデータの末尾にパリティビットと呼ばれるデータを付加する方法がある。この方法では，2進法で表されたデータの末尾に，データ中にある「1」の個数に応じたパリティビットを付加する。パリティビットの値の定め方には，奇数パリティと偶数パリティと呼ばれるものがあり，このうち奇数パリティの場合は，データ中の「1」の個数が奇数であればパリティビットを「0」，偶数であればパリティビットを「1」とする。「1011011」というデータに奇数パリティの方式でパリティビットを付加するとき，パリティビットは「$\boxed{ア}$」となる。

問 32　ある高校では，すべての生徒に6桁の学籍番号を割り振っている。上位2桁は西暦表記の入学年の下2桁，次の3桁は氏名を五十音順に並べたときの順番を表す3桁の数字である。最後の1桁は誤り検出用であり，上位5桁のそれぞれの数をすべて足して10で割った余りとなっている。あるとき，4名の生徒に学籍番号を手書きで記入してもらったところ，次のように記入されていた。<u>正しい学籍番号ではないと考えられるもの</u>を，次の ⓪ 〜 ③ のうちから一つ選べ。

⓪　220318　　　①　212588　　　②　221925　　　③　230612

問 33　ある小学校では，ひらがなで書いたメッセージを暗号化し，他の児童に伝える遊びが行われている。暗号化の際には，まず，メッセージのひらがなを何文字ずらすか決めた上で，すべてのひらがなをその文字数分だけずらす。例えば，「がくねん」を3文字ずらすと「げさひう」となる。ある児童が他の児童に次の4つの言葉を伝えたが，一つだけ，ずらす文字数を誤ってしまったものがある。<u>誤った操作を行ったと考えられるもの</u>を，次の ⓪ 〜 ③ のうちから一つ選べ。ただし，ずらした文字数は1文字から5文字のいずれかであるとする。

⓪　ほるいし　　　①　すいそお　　　②　たいたえ　　　③　ちううけ

問34　VPN についての説明として最も適当なものを，次の **⓪** ～ **③** のうちから一つ選べ。

⓪　暗号資産の決済や送金の際の取引データを管理するための技術

①　著作権の侵害を防ぐための技術

②　伝送されたデータの誤りを検出するための技術

③　企業や学校などにおいて，その外部から社内や校内のネットワークなどに接続する場合に，インターネットを仮想的な専用ネットワークとして利用する技術

問35　VPN の活用例についての記述として**適当でないもの**を，次の **⓪** ～ **③** のうちから一つ選べ。

⓪　大学生が，大学で購読契約している論文誌の電子版データを閲覧するために使用する。

①　政府による検閲が厳しい国に住む人が，検閲を逃れて言論を発信するために使用する。

②　企業に勤務する社員が，出張先から本社のサーバにあるファイルを入手するために使用する。

③　受験生が，出願先の大学で公表された合格者の受験番号一覧を確認するために使用する。

4　データの蓄積・管理・提供

問 36　構造化されたデータを蓄積するためのファイル形式として<u>適当でないもの</u>を，次の**⓪**〜**③**のうちから一つ選べ。

⓪　XML　　　**①**　CSV　　　**②**　XLSX　　　**③**　JPEG

問 37　次のデータは，各行がひと組のデータを表し，行内のそれぞれの値はカンマで区切られた構造化データである。このデータの3列目にあたる内容として最も適当なものを，後の**⓪**〜**③**のうちから一つ選べ。

```
alice,alice@decome.ne.jp,2002-10-22,F,京都府,51,551-0123
bob,bob@saftbank.org,2010-05-15,M,京都府,22,655-3245
carol,carol@egweb.co.jp,1999-07-17,F,京都府,43,254-2356
eve,eve@rokuten.com,2015-07-25,F,大阪府,90,902-2758
```

⓪　氏名　　　**①**　生年月日　　　**②**　性別　　　**③**　住所

問 38　バックアップの作成についての記述として最も適当なものを，次の**⓪**〜**③**のうちから一つ選べ。

⓪　バックアップは危険性が高い行為であるため，教員や保護者の指示があったときにのみ作成し，自分一人では作成しないようにする。

①　バックアップを作成すると情報漏洩のおそれがあり危険であるため，重要なデータのバックアップは作成してはならない。

②　バックアップを気まぐれに実施すると忘れやすいため，各自で設定を行い，自動で定期的に作成されるようにしておくとよい。

③　バックアップは人間の記憶力を減退させるので，機械に頼らず，データを目に焼き付けて忘れないことが一番のバックアップである。

問39　ある外部記憶媒体 X にデータをバックアップするとき，コンピュータと X を接続するために使えるケーブルとして，ケーブル a とケーブル b の二つがある。ケーブル a は最大 480 Mbps のデータ転送が行え，ケーブル b は最大 12 Gbps のデータ転送が行える。いずれのケーブルも最大速度でデータを転送できるものとすると，ケーブル b でバックアップを行うと，ケーブル a を使う場合の $\dfrac{1}{\boxed{ア}\boxed{イ}}$ の時間で処理が完了する。$\boxed{ア}\boxed{イ}$ に入る値を答えよ。ただし，1 GB = 1000 MB とする。

問40　バックアップの保管についての記述として最も適当なものを，次の ⓪ 〜 ③ のうちから一つ選べ。

⓪　他人の個人情報を含むデータのバックアップはクラウド上に保管し，いつでも誰でもダウンロードできるように設定しておく。

①　巨大なデータのバックアップを長期間保管しておく方法として，磁気テープを使用する方法もある。

②　データを DVD にバックアップした場合は，データの劣化を防ぐため，一定の日差しと湿気がある場所に保管しておく。

③　SD カードは長期間のデータ保存が可能であるので，高頻度で書き換わるバックアップを数百年単位で保管する場合に適している。

問41　オープンデータについての説明として最も適当なものを，次の ⓪ 〜 ③ のうちから一つ選べ。

⓪　オープンデータは，プログラムの元になるテキストが記述されたファイルを，多くの人が利用できるように公開したものである。

①　オープンデータは，通常であれば購読費がかかる学術論文を，誰でも入手して読めるようにインターネット上に公開したものである。

②　オープンデータは，文書・スプレッドシート・スライドのファイル形式で，多くのソフトウェアで対応できるように仕様が公開されているものである。

③　オープンデータは，政府統計や研究データなどのデータを，誰でも分析できるように公開したものである。

問42　オープンデータの「オープン」の意味についての説明として最も適当なものを，次の**⓪**〜**③**のうちから一つ選べ。

⓪　オープンデータにおける「オープン」とは，データをあらゆる人が自由に閲覧し，利用し，修正し，そして共有できるということである。

①　オープンデータにおける「オープン」とは，データに偏りがなく，真正で誤りのないデータとして研究目的に利用できるということである。

②　オープンデータにおける「オープン」とは，データを使用すると心身の安全が脅かされるなどの脅威がなく，安心して利用できるということである。

③　オープンデータにおける「オープン」とは，データの使用権に関する先約がなく，データを独占的に使用できる権利を獲得可能だということである。

第4章

問43　関係者ではない第三者でも取得可能な情報の例として適当なものを，次の**⓪**〜**③**のうちから<u>二つ</u>選べ。

⓪　ある人が家賃やクレジットカード代金の支払いを延滞したことに関する情報

①　ある人の家族構成や婚姻関係などの戸籍に関する情報

②　土地や建物といった不動産の所有者などの登記に関する情報

③　特定の地域の地形図などの地理情報

5 データベース

問44 次の文章の空欄 A ～ C に入れるものの組合せとして最も適当なものを，後の ⓪ ～ ⑤ のうちから一つ選べ。

情報システムの一例として，あるイベントの参加者名簿を管理するシステムを考える。このシステムでは，Web 上に用意されたインタフェースを通して，データを管理する関係データベース（リレーショナルデータベース）の表（テーブル）に対して操作を行う。まず，新規の参加者が Web インタフェース上で参加登録をしたときには，このシステムはデータベース内の表に新しい行を A する操作を行う。また，参加者が Web インタフェース上でイベントへの参加を辞退したときには，このシステムはデータベース内の表にある，その参加者に対応する行を B する操作を行う。一度登録した参加者が，登録した連絡先が間違っていたため Web インタフェース上で登録情報を修正したときには，このシステムはデータベース内の表にある，その参加者に対応する行を C する操作を行う。

⓪　A　削除　　B　更新　　C　挿入
①　A　削除　　B　挿入　　C　更新
②　A　更新　　B　削除　　C　挿入
③　A　更新　　B　挿入　　C　削除
④　A　挿入　　B　削除　　C　更新
⑤　A　挿入　　B　更新　　C　削除

問45　次の **A・B・C** は，関係データベースの表に対して行うことができる操作に関する記述である。**A・B・C** の操作の名称の組合せとして最も適当なものを，後の **⓪**～**⑤** のうちから一つ選べ。

A　ある表に含まれる列のうちいくつかを指定し，その列に対応するデータのみからなる仮想表を出力する処理

B　ある表に含まれる行に対して条件を指定し，条件を満たす行のみからなる仮想表を出力する処理

C　ある表と別の表の行を指定された条件をもとにしてつなげて，一つの仮想表を出力する処理

第4章

- **⓪**　A　結合　　B　選択　　C　射影
- **①**　A　結合　　B　射影　　C　選択
- **②**　A　選択　　B　結合　　C　射影
- **③**　A　選択　　B　射影　　C　結合
- **④**　A　射影　　B　結合　　C　選択
- **⑤**　A　射影　　B　選択　　C　結合

問46　関係データベースの表に対して行う操作と，操作を行うときに用いる SQL 文の名称の組合せとして最も適当なものを，次の **⓪**～**⑤** のうちから一つ選べ。

- **⓪**　挿入 —— **INSERT** 文　　選択 —— **SELECT** 文　　更新 —— **DELETE** 文
- **①**　結合 —— **SELECT** 文　　更新 —— **UPDATE** 文　　削除 —— **SELECT** 文
- **②**　射影 —— **SELECT** 文　　挿入 —— **CREATE** 文　　削除 —— **UPDATE** 文
- **③**　更新 —— **UPDATE** 文　　射影 —— **SELECT** 文　　結合 —— **SELECT** 文
- **④**　選択 —— **SELECT** 文　　削除 —— **DROP** 文　　挿入 —— **UPDATE** 文
- **⑤**　削除 —— **DROP** 文　　挿入 —— **INSERT** 文　　結合 —— **DELETE** 文

問 47 ある図書館が利用している関係データベースに次の2つの表があり，これらを結合する操作を行った結果の仮想表に含まれるレコードの一部として**適当でないもの**を，後の**⓪**～**③**のうちから一つ選べ。

関係表「利用者」

利用者 ID	氏名	住所
00023	伊藤 彰子	峰戸市本町 4 − 3 − 2
02040	小川 啓一	居縫町北山 3 丁目 5 番地
04522	鈴木 勲	湖新村中央 3 − 1 − 501
05376	村井 理乃	外寄市ア 3664

関係表「貸出」

利用者 ID	請求記号	貸出日
05376	0194029412	2023 − 01 − 20
05376	0552817485	2023 − 01 − 21
00023	0928572943	2023 − 01 − 22
04522	0615382658	2023 − 01 − 22

⓪	0194029412	2023 − 01 − 20	村井 理乃	外寄市ア 3664
①	0552817485	2023 − 01 − 21	小川 啓一	居縫町北山 3 丁目 5 番地
②	0928572943	2023 − 01 − 22	伊藤 彰子	峰戸市本町 4 − 3 − 2
③	0615382658	2023 − 01 − 22	鈴木 勲	湖新村中央 3 − 1 − 501

問 48 問 47 の関係表「貸出」について，条件「貸出日が 2023 年 1 月 20 日ではない」により選択操作を行った結果の仮想表に含まれるデータとして**適当でないもの**を，次の**⓪**～**③**のうちから一つ選べ。

⓪	0194029412
①	0552817485
②	0928572943
③	0615382658

問 49　問 47 の関係表「利用者」について，条件「利用者 ID と住所の列を取り出す」に
より射影操作を行った結果の仮想表に含まれるデータとして**適当でないもの**を，次の
⓪～**③**のうちから一つ選べ。

⓪	04522
①	05376
②	小川　啓一
③	居縫町北山 3 丁目 5 番地

第4章

6 　情報システムとそのサービス

問 50　POS システムの利点についての記述として<u>適当でないもの</u>を，次の ⓪ ～ ③ のうちから一つ選べ。

⓪　商品の品切れが少なくなる。
①　次に開発する新商品の参考になる。
②　決済の時間が短縮される。
③　フードロスなどの商品余剰を防ぐことができる。

問 51　クレジットカードや住宅ローンなどの金融サービスを利用するときには，申し込んだ個人と申込先の法人の間でのやりとり以外に，申込先の法人と信用情報機関との間のやりとりが行われている。クレジットカードの申し込みを行うときの審査に関する三者間のやりとりを示した次の図の空欄に入れるのに最も適当なものを，後の ⓪ ～ ③ のうちから一つずつ選べ。

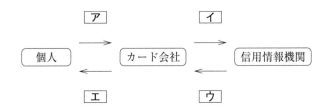

⓪　信用情報の提供
①　信用情報の照会
②　クレジットカードの申し込み
③　審査結果の通知

問 52　近年，クレジットカードや電子マネーと同様にキャッシュレスで決済を行う手段
として，二次元コードを用いた決済が普及している。二次元コードを用いた決済手段
についての記述として<u>適当でないもの</u>を，次の**⓪**～**③**のうちから一つ選べ。

⓪　二次元コードを用いた決済には，受け取り側が二次元コードを表示する方式以外
に，支払い側が二次元コードを表示する方式もある。

①　二次元コードを用いた決済では，受け取り側にはスマートフォンなどの汎用端末
があればよく，専用端末を使う方式に比べて安価に導入できる。

②　二次元コードを用いた決済では，事前に紙幣の図柄をスキャンすることで二次元
コード化することができるため，紙幣を持ち歩く必要がなくなる。

③　二次元コードを用いた決済には，支払い側が事前に金額をチャージしておく方式
以外に，支払い側が事後に支払う方式もある。

問 53　ある OS には，更新プログラムを提供するサーバに通信が集中して混雑すること
を避けるため，当該の更新プログラムを保持しているネットワーク上の他のコン
ピュータと通信し，そのコンピュータから更新プログラムを受信する機能がある。こ
のような，コンピュータ同士で直接接続する通信方式の名称として最も適当なものを，
次の**⓪**～**③**のうちから一つ選べ。

⓪　B2B　　　**①**　B2C　　　**②**　C2C　　　**③**　P2P

第4章

問54 システムの可用性を示す指標の一つに「稼働率」がある。稼働率は，対象とする時間と，その時間のうちでシステムが動作している時間の比で表される。たとえば，あるシステムが1日のうちで2回故障し，故障時の修理に合わせて3時間かかったとする。最後の修理もその日のうちに終わったとし，修理時間以外はすべてシステムが動作していたものとすると，稼働率は $\boxed{ア}\boxed{イ}.\boxed{ウ}$ %である。$\boxed{ア}$ ～ $\boxed{ウ}$ に入る値を答えよ。

問55 次の文章の空欄に入れるものの組合せとして最も適当なものを，後の **⓪**～**⑦** のうちから一つ選べ。

　問54 の稼働率は，動作時間と修理時間の平均値を用いて表すこともできる。動作時間の平均値は「平均故障間隔（Mean Time Between Failure）」といい，MTBF と呼ばれる。修理時間の平均値は「平均修復時間（Mean Time To Repair）」といい，MTTR と呼ばれる。これらを用いて稼働率を表すと，次のようになる。

$$稼働率 = \frac{\boxed{A}}{\boxed{B}}$$

⓪ A MTBF　B MTBF+MTTR　　　**①** A MTTR　B MTBF+MTTR

② A MTBF　B MTBF−MTTR　　　**③** A MTTR　B MTBF−MTTR

④ A MTBF　B MTBF×MTTR　　　**⑤** A MTTR　B MTBF×MTTR

⑥ A MTBF　B $\dfrac{1}{\text{MTBF}}+\dfrac{1}{\text{MTTR}}$　　**⑦** A MTTR　B $\dfrac{1}{\text{MTBF}}+\dfrac{1}{\text{MTTR}}$

問56 システムの一部に故障が生じても，システムの基本的な動作に影響がないように設計する考え方の名称として最も適当なものを，次の **⓪**～**③** のうちから一つ選べ。

⓪　フールプルーフ　　　　　**①**　フェイルセーフ

②　フォールトトレランス　　　**③**　フィードバック

問57 システムの一部に故障が生じても，システムの基本的な動作に影響がないようにする設計技法の名称として最も適当なものを，次の **⓪**～**③** のうちから一つ選べ。

⓪　量子化　　　**①**　符号化　　　**②**　直列化　　　**③**　冗長化

7　データの表現

問 58　質的データの例として最も適当なものを，次の **⓪** ～ **③** のうちから一つ選べ。

⓪　ある高校に在籍している生徒の人数

①　ある企業の株価における過去 1 年間の日別の終値

②　あるコンテストに応募された読書感想文の文章

③　ある都市で運行される路線バスの本数

問 59　比例尺度のデータの例として最も適当なものを，次の **⓪** ～ **③** のうちから一つ選べ。

⓪　ある日の各教室の摂氏の気温　　　**①**　ある年度の各都市の税収額

②　ある試験における各受験者の順位　　**③**　ある企業における各従業員の星座

問 60　間隔尺度のデータに対して行える操作として適当なものを，次の **⓪** ～ **③** のうちから**二つ**選べ。

⓪　複数のデータの積を求める。　　**①**　複数のデータの大小を比較する。

②　複数のデータの差を求める。　　**③**　複数のデータの比率を求める。

問 61　名義尺度のデータに対して定義できる演算として最も適当なものを，次の **⓪** ～ **③** のうちから一つ選べ。

⓪　等号「＝」　　**①**　不等号「＜」　　**②**　減算「－」　　**③**　除算「÷」

問 62　アナログデータとデジタルデータについての記述として最も適当なものを，次の
　　　⓪〜③のうちから一つ選べ。

　　⓪　アナログデータは比較的古いデータであり，デジタルデータは比較的新しいデー
　　　　タである。
　　①　アナログデータは連続的なデータであり，デジタルデータは離散的なデータであ
　　　　る。
　　②　アナログデータは質的なデータであり，デジタルデータは量的なデータである。
　　③　アナログデータは近似的なデータであり，デジタルデータは正確なデータである。

問 63　アナログデータの例として最も適当なものを，次の⓪〜③のうちから一つ選べ。

　　⓪　電子マネーの残高　　①　財布に入っている硬貨の合計金額
　　②　日時計が示す時刻　　③　袋に詰められているビー玉の個数

問 64　記録媒体とデータの記録形式についての記述として**適当でないもの**を，次の⓪〜
　　　③のうちから一つ選べ。

　　⓪　レコード盤では，音声がアナログデータとして記録されている。
　　①　CD では，音声がデジタルデータとして記録されている。
　　②　DVD では，映像がアナログデータとして記録されている。
　　③　ブルーレイディスクでは，映像がデジタルデータとして記録されている。

問 65　離散的なデータの例として適当なものを，次の⓪〜③のうちから**二つ**選べ。

　　⓪　自然数　　①　整数　　②　無理数　　③　実数

問 66　ビッグデータの活用例として適当なものを，次の**⓪**～**③**のうちから二つ選べ。

⓪　量的データの統計量を求めて分析する。

①　クラウド上にアップロードする。

②　データのバックアップをとる。

③　機械学習プログラムの学習データとする。

8 データの収集と整理

問67 質問紙調査（アンケート）における設問の作成についての記述として**適当でないもの**を，次の**⓪**〜**③**のうちから一つ選べ。

⓪ 中立も含め，ある項目に対する回答者の考えがどの段階にあたるのかに関するデータを得たい場合は，5件法を使用する。

① 質問紙の作成者が想定しないものも含めた多様な意見のデータを得たい場合は，自由記述式の設問を使用する。

② 回答者の血液型が A，B，O，AB のいずれであるかに関するデータを得たい場合は，4件法を使用する。

③ 回答が「はい」か「いいえ」のいずれかになる設問の回答データを得たい場合は，選択式の設問とする。

問68 A さんは，スマートフォンの活用について同じ学校の生徒がどのような意見を持っているかを，質問紙を使って調査することにした。調査で用いる質問として最も適当なものを，次の**⓪**〜**③**のうちから一つ選べ。

	質問文	質問形式	選択肢式の場合の選択肢
⓪	最近，スマートフォンを使った事件や事故が多発しており，スマートフォンを使用することは危険ではないかといわれていますが，あなたはスマートフォンを使うことが絶対に安全だと思っていますか？	選択肢式	「そう思う」 「あまりそう思わない」 「そう思わない」 「全くそう思わない」
①	スマートフォンを学習目的に活用することについて，あなたは賛成ですか？	選択肢式	「賛成」「やや賛成」 「どちらともいえない」 「やや反対」「反対」
②	あなたはスマートフォンのことをどう思っていますか？	自由記述式	
③	犬や猫などのペット，もしくはスマートフォンやパソコンなどの電子機器には，癒し効果があると思いますか？	選択肢式	「そう思う」「どちらかといえばそう思う」「どちらかといえばそう思わない」「そう思わない」

問 69　Web フォームでアンケート調査を行う場合に，複数回答の設問で用いるパーツの名称として最も適当なものを，次の **(0)** 〜 **(3)** のうちから一つ選べ。

(0)　ドロップダウンリスト　　**(1)**　ラジオボタン
(2)　チェックボックス　　　　**(3)**　プルダウンメニュー

問 70　面接調査（インタビュー）で用いる質問の形式についての記述として<u>**適当でないもの**</u>を，次の **(0)** 〜 **(3)** のうちから一つ選べ。

(0)　相手から自由な回答を引き出したいときには，オープン・クエスチョンの形式で尋ねることが有効である。
(1)　オープン・クエスチョンで質問の趣旨から外れた回答がなされた場合には，質問し直すことも有効である。
(2)　クローズド・クエスチョンでは相手が答える選択肢が絞られてしまうため，選択肢の選定に注意を要する。
(3)　クローズド・クエスチョンでは，相手の回答を誘導しないよう，常に 10 個以上の選択肢を用意するとよい。

問 71　フィールドワークや実験などで観察を行ってデータを収集する場合の留意点に関する記述として最も適当なものを，次の **(0)** 〜 **(3)** のうちから一つ選べ。

(0)　フィールドワークや実験では，記録ノートが一次資料としての役割をもつため，記録ノートは後日まで保管しておく必要がある。
(1)　フィールドワークや実験では，正確に観察することが重要なため，観察対象に吐息がかかるくらいの至近距離で観察することが望ましい。
(2)　フィールドワークや実験は第三者が同じ状況を再現して検証することが困難なため，観察者から見て都合がよい記録を残しておくとよい。
(3)　フィールドワークでは鳥獣への遭遇に備えた準備が重要だが，室内で行う実験ではそうした危険はないため，動きやすく露出の多い服装で行うとよい。

第4章

問72　Webサイト上にあるが一括でダウンロードすることが難しいデータに対して，データ分析などに活用するために，プログラムを用いてデータを収集することをスクレイピングという。スクレイピングを行う際の留意点についての記述として適当なものを，次の⓪〜③のうちから二つ選べ。

⓪　スクレイピングは収集先のWebサーバに負荷をかける行為であるので，Webページの収集間隔を適切に設定し，負荷が集中しないようにする必要がある。

①　スクレイピングにより収集したデータはオープンデータであるので，データの可用性を高めるため，収集したデータは公開することが望ましい。

②　スクレイピングを禁止しているWebサイトも存在しているので，Webサイトの利用規約がある場合は，スクレイピングの実施前に規約を確認する必要がある。

③　スクレイピングを行うプログラムを記述するプログラム言語は，収集先のWebサーバ上で動作可能なプログラム言語でなければならない。

問73　Webサービスが，利用者側のプログラムやWebサービスにデータを直接提供することを目的として，構造化されたデータを出力できるURLなどを提供する機能の名称として最も適当なものを，次の⓪〜③のうちから一つ選べ。

⓪　JSON　　　①　XML　　　②　API　　　③　OAuth

問74　各種の方法で収集したデータを分析する前に行う前処理についての記述として適当でないものを，次の⓪〜③のうちから一つ選べ。

⓪　英数字の全角・半角が混在している場合に，いずれか一方に揃える。
①　データの前後に空白や改行が含まれている場合に，これらを削除する。
②　年の表記に西暦と和暦の両方が含まれる場合に，いずれか一方に揃える。
③　似た内容のデータが多数含まれる場合は一部を削除し，少数意見が目立つようにする。

9　データの分析と評価

問75　ある考査における 10 名の生徒の点数は次のとおりであった。このとき，中央値は ア イ，最頻値は ウ エ である。 ア ～ エ に入る値を答えよ。

　　17，50，11，44，12，37，80，76，12，23

問76　統計量に関する記述として**適当でないもの**を，次の ⓪ ～ ③ のうちから一つ選べ。

⓪　最小値，最大値，中央値の間には「(最小値)≦(中央値)≦(最大値)」の関係がある。

①　最小値，最大値，範囲の間には「(範囲)＝(最大値)−(最小値)」の関係がある。

②　中央値と最頻値の間には「(中央値)＞(最頻値)」の関係がある。

③　標準偏差と分散の間には「(標準偏差)×(標準偏差)＝(分散)」の関係がある。

問77　統計グラフについての記述として最も適当なものを，次の ⓪ ～ ③ のうちから一つ選べ。

⓪　棒グラフは棒の長さで量の大小を表すため，棒の途中部分を省略して表記してもよい。

①　折れ線グラフは折れ線の傾きで量の変化を表すため，折れ線にかからない部分を省略してもよい。

②　円グラフは扇形の大きさで全体のうちに占める比率を表すため，3D化して円柱形にして表記してもよい。

③　レーダーチャートは多角形の形状で全体のいびつさを表すため，一部の軸の途中部分を省略してもよい。

問78 折れ線グラフを用いて表すことが最も適当なものを，次の**⓪**～**③**のうちから一つ選べ。

⓪ ある年の日本における年齢層別の人数の比率
① 高校生のスマートフォン所持率の経年変化
② ある学校における学年別の生徒の人数
③ ある定期考査におけるある高校生の各科目の得点

問79 表計算ソフトで別のセルを参照する数式を他のセルに複製するときには，通常は，複製先のセルの数式では相対的に参照先のセルが変化する。しかし，参照先のセルのうち固定する行や列の前に「$」を付加することで，複製先のセルの数式におけるセル参照を制御することができる。次のシートに「九九の表」を作成し，B2 セルに「1×1」の計算結果を求める数式を入力するとき，適切に「$」を用いることで，効率的に表を作成したい。B2 セルに入力する数式として最も適当なものを，後の**⓪**～**ⓕ**のうちから一つ選べ。

	A	B	C	D	E	F	G	H	I	J	K
1		1	2	3	4	5	6	7	8	9	計
2	1										
3	2										
4	3										
5	4										
6	5										
7	6										
8	7										
9	8										
10	9										
11	計										

⓪ =A2*B1　**①** =$A2*B1　**②** =A$2*B1　**③** =A2*$B1
④ =A2*B$1　**⑤** =$A$2*B1　**⑥** =$A2*$B1　**⑦** =$A2*B$1
⑧ =A$2*$B1　**⑨** =A$2*B$1　**ⓐ** =A2*$B$1　**ⓑ** =$A$2*$B1
ⓒ =$A$2*B$1　**ⓓ** =$A2*$B$1　**ⓔ** =A$2*$B$1　**ⓕ** =$A$2*$B$1

問 80　問 79 のシートにおいて，K2 セルに「1 の段の総和」を求める数式を入力したい。K2 セルに入力する数式として最も適当なものを，次の ⓪ 〜 ⓑ のうちから一つ選べ。

⓪　=SUM(A1:J1)　　　① =SUM(B1:J1)　　　② =SUM(A2:J2)

③　=SUM(B2:J2)　　　④ =AVERAGE(A1:J1)　⑤ =AVERAGE(B1:J1)

⑥　=AVERAGE(A2:J2)　⑦ =AVERAGE(B2:J2)　⑧ =MAX(A1:J1)

⑨　=MAX(B1:J1)　　　ⓐ =MAX(A2:J2)　　　ⓑ =MAX(B2:J2)

問 81　問 79 のシートにおいて，B11 セルにも「1 の段の総和」を求める数式を入力したい。B11 セルに入力する数式として最も適当なものを，次の ⓪ 〜 ⓑ のうちから一つ選べ。

⓪　=SUM(A1:A9)　　　① =SUM(A2:A10)　　② =SUM(B2:B10)

③　=SUM(B1:B9)　　　④ =AVERAGE(A1:A9)　⑤ =AVERAGE(A2:A10)

⑥　=AVERAGE(B2:B10)　⑦ =AVERAGE(B1:B9)　⑧ =MAX(A1:A9)

⑨　=MAX(A2:A10)　　　ⓐ =MAX(B2:B10)　　ⓑ =MAX(B1:B9)

第4章

問82 次の文章の空欄 ア ～ ウ に入れるのに最も適当なものを，後の表中の⓪～
④のうちから一つずつ選べ。

テキストマイニングにおける原始的な方法の一つとして，ある文書におけるある単
語の出現比率を，その単語の重要度を表す指標だとみなす方法がある。ある文書 d
について，この文書中に現れる単語の種類数を数えると n 種類で，これらの単語を
t_0, t_1, $\cdots$, t_n とするとき，文書 d で単語 t_i が現れる回数を f_i とする。このとき，単語
t_i の出現比率 T_i を，$T_i = \dfrac{f_i}{f_0 + f_1 + \cdots + f_n}$ と定義する。いま，英語で書かれた5つの文
書中で次の表のように単語が現れるとき，文書1では ア が，文書2では イ が，
文書3では ウ が，それぞれの文書において重要度が高いと考えられる。

表　単語の出現回数

		文書1	文書2	文書3	文書4	文書5
⓪	apple	1	3	2	13	0
①	dog	5	1	9	11	1
②	those	2	6	2	13	2
③	cat	4	2	4	15	3
④	the	7	5	8	11	9

問83 問82の方法についての記述として最も適当なものを，次の⓪～③のうちから一
つ選べ。

⓪ この方法では，文書4のように語数の多い文書について，単語の正しい重要度を
求めることができない。

① この方法では，文書5のように出現しない単語がある文書では，その語の重要度
を求めることができない。

② この方法では，文書1と文書2における単語「apple」の重要度の違いを分析す
ることができない。

③ この方法では，どんな英文にも頻繁に現れる単語については，正しく重要度を分
析することができない。

問84　日本の各都道府県から1地点ずつを選び，年間の平均気温と降水量の関係をグラフに表したところ，次の散布図が得られた。また，これらのデータを近似する直線の方程式を求めると，$y = 84.849x + 347.62$ となった。この近似を利用したとき，年間降水量が2,000 mm となる地点の平均気温として最も適当なものを，後の **⓪** ～ **③** のうちから一つ選べ。

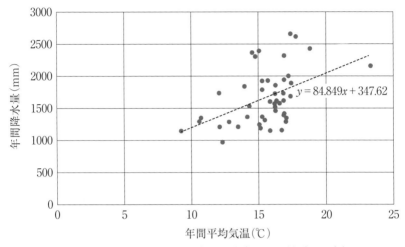

図　日本の都市における平均気温と降水量の関係（2020 年）

（出典）総務省統計局「日本の統計 2023 第 1 章 国土・気象」
https://www.stat.go.jp/data/nihon/01.html

⓪　10.5 ℃　　　**①**　13.5 ℃　　　**②**　16.5 ℃　　　**③**　19.5 ℃

第4章

著者紹介

米田 謙三（よねだ・けんぞう）
早稲田摂陵高等学校教諭（英語科・地歴公民科・情報科）
専門分野は ICT を活用した効果的な教育と協働学習，教育の情報化，グローバル，探究，STEAM，教科横断等。セミナーや研修会の講師を務める。

木村 剛隆（きむら・よしたか）
明星中学校・高等学校教諭（情報科）
専門分野は探究学習やプロジェクト学習のカリキュラム設計。すべての授業でオリジナルの教材を作成して実践し，セミナーなどで発表している。

田中 忠司（たなか・ただし）
日本大学櫻丘高等学校教諭（情報科）
専門分野は ICT を活用した効果的な教育，教育の情報化。セミナーや研修会の企画・運営，登壇を務める。

佐藤 豪（さとう・たけし）
日本大学高等学校・中学校教諭（情報科・数学科）
専門分野は ICT 機器，教育インフラ整備。校内ネットワークや電子黒板などの整備と活用方法の研究。数学分野では代数学（有限群論）を専門とする。

大西 洋（おおにし・ひろし）
関西大学ライティングラボ アカデミック・アドバイザー
専門分野は情報学における各種の基礎概念や，教科情報科の構造分析。河合塾の情報科教育アドバイザーとして，共通テスト対策講座の準備に携わっている。

マーク式
基礎問題集
情報Ⅰ

解答・解説編

河合出版

目次

第1章 | 情報社会の問題解決

1 情報やメディアの特性

問1

正解　⓪

解説　いずれも，「DIKW モデル」におけるそれぞれの要素の説明である。以下の図が
DIKW モデルである。① は「データ（Data）」の説明である。② は「知識（Knowledge）」
の説明である。知識は情報の意味や価値を様々な方法で分析し，問題解決に役立つよう
に蓄積したものである。③ は「知恵（Wisdom）」の説明である。知恵は，知識を問題
解決に適用し，新たな価値を創造する力である。

知恵
(Wisdom)

知識
(Knowledge)

情報(Information)

データ(Data)

問2

正解　②

解説　「一義的」とは意味が一つに定まることであるが，情報は実体がないために，どう
解釈されるかは受け手の主観に委ねられている。また，表現の仕方によっては送り手が
意図しない解釈をされることもある。⓪ は「複製性」の説明である。① は「伝播性」
の説明である。③ は「残存性」の説明である。

問3

正解　⓪

解説　①は「アナログ情報」の説明である。なお，アナログ情報・デジタル情報という分類と，生命情報・社会情報・機械情報という分類は異なる分類体系である。②は「社会情報」の説明である。③は「生命情報」の説明である。

問4

正解　③

解説　情報の信憑性を評価するためには，情報の発信元がどの程度信頼できるかを確認することが重要である。個人の考え方や捉え方は自由であるため，⓪の主観的な解釈は信憑性を評価することに必要がないため誤りである。①のエンタテインメント性は，雑誌や漫画などで情報を得ることを楽しむためには必要であるが，信憑性の評価には必要がないため誤りである。②の「文脈」とは，その情報が現れるときの状況や前後の記述のことである。文脈を読み取ることは，その情報を読み解くためには重要であるが，信憑性の評価には必要がないため誤りである。

問5

正解　③

解説　情報は主観性をもつため，データを解釈して得られた情報は個人の意見やバイアスによって偏ったものになっている可能性がある。そのため，情報を評価する際には客観的な視点を持つことが重要である。

2　問題の発見・解決，問題解決の振り返りと改善

問6

正解　①

解説　問題解決における問題とは，「こうありたい」という理想と，実際の状況である現実の間にあるギャップから生じるものである。

問7

正解　②

解説　科学的な根拠に基づく問題解決は，データや実験結果に基づいて解決策を導き出すことである。先人の研究や先行事例を参考にして解決策を検討するため，解決策を実施したときにどの程度の効果が得られるのかを予測することが可能になる。また，科学的根拠があるため問題点を明確化しやすいので，⓪は誤りである。また，科学的な根拠に基づくからといって，問題の重要度が変わることはないので，①も誤りである。問題の解決策のアイデアを出すには思考を広げて，深めることは必要であり，それが阻害されることはないため，③も誤りである。

問8

正解　⓪

解説　科学的な根拠に基づく問題解決ではデータや統計や実証的な根拠に基づいて問題を分析し，客観的な判断を行うため，個人の主観に依存しない判断が可能になる。解決策を出すまでには，文献調査やデータ分析を実施する。そのため，根拠に基づいて複雑な問題をより単純な問題に切り分けて扱うことができるので①は誤りである。科学的な根拠に基づく問題解決は，解決策を出すためのアプローチであり，問題の重要度が変わることはないため，②は誤りである。さらに，問題解決のプロセスで解決策が制限されることはないため，③も誤りである。

問9

正解　②

解説　国や社会を発展させるために必要な研究として，国が集めた税金を使った助成を受けているため，より多くの人に研究の成果を報告する義務と責任がある。したがって⓪のように成果を自分だけが享受したり，①のように成果を秘密にしたり，③のように個人の出世や周りからの評価のために利用したりすることは，適当でないので誤りである。

問10

正解　⓪

解説　問題解決は「問題の目標と明確化」，「問題の整理と分析」，「解決策の立案」，「実行」，「評価」，「共有」の流れをとることが多い。ウは「問題と目標の明確化」の説明である。カは「問題の整理と分析」の説明である。アは「解決策の立案」の説明である。エは「実行」の説明である。イは「評価」の説明である。オは「共有」の説明である。

問11

正解　③

解説　ゴールの想定は，問題解決の方向性を明確にし，解決に向けた取り組みを進めるために行う。ゴールが明確であれば，メンバーの共通理解が生まれ，効果的な行動計画を立てることができる。

問12

正解　②

解説　問題解決の振り返りと改善は，問題解決のプロセスを反省し，改善点を見つけるために行う。振り返りによって問題点や課題を明確にすることで，次回の問題解決に活かすことができる。

問13

正解　②

解説　思考を広げるためには，物事を論理的に考える「垂直思考」だけではなく，物事を多角的に捉える「水平思考」が重要である。⓪のように既存のアイデアに固執すると解決策の選択肢が広がらないので誤りである。①や③のように他人の意見や新しい情報を無視することで，自分のアイデアに固執してしまい，思考が広がらないので誤りである。

問14

正解　①

解説　計画を立てる際，「 ア 情報の収集」により，現状を把握し，理想の状態を考察することが可能になる。その方法として情報通信技術を活用したり，「 イ アンケート調査」やインタビュー，自ら直接観察するなどしてデータを得ることが有効である。獲得したデータを表やグラフにして「 ウ 可視化」することにより，問題がより明確になり，根拠をもって判断できたり，新たな考えが生まれてきたりすることもある。「 エ 思考ツール」を用いることにより，考えを整理して見えやすい形で表現できる。

問 15

正解 ③

解説 問題解決は「問題と目標の明確化」，「問題の整理と分析」，「解決策の立案」，「実行」，「評価」，「共有」の流れをとることが多い。**ア**は「問題と目標の明確化」の例である。**ウ**は「問題の整理と分析」の例である。**イ**は「解決策の立案」の例である。**カ**は「実行」の例である。**オ**は「評価」の例である。**エ**は「共有」の例である。

問 16

正解 ③

解説 **イ**は「Plan（計画）」の例で，**ア**は「Do（実行）」の例で，**ウ**は「Check（評価）」の例で，**エ**は「Act（改善）」の例である。PDCA サイクルは「Plan（計画）」「Do（実行）」「Check（評価）」「Act（改善）」を経て，Act の後にさらなる Plan へと結びつけ，この一連のプロセスを繰り返すことで問題解決の質を継続的に高めるものである。

問 17

正解 ②

解説 次の図はそれぞれのツールのイメージ図である。**⓪**はテーマから連想する言葉を放射状に枝を伸ばしながら書いて，思考を発散する方法である。**①**は工程を節点で表現し，それらを矢印で結ぶことで手順の依存関係を図示したものである。**③**は問題の解決策を行方向に書き並べ，それぞれの解決策を比べるための観点を挙げた上で，各観点に対する評価を列方向に書き並べることで，解決策を比較・分析するものである。

⓪

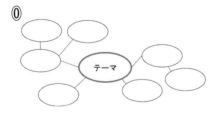

①

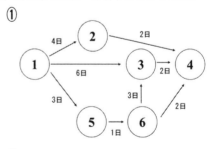

②

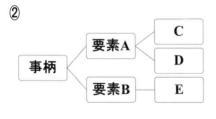

③

	価格	効果
A	◎	○
B	△	○
C	○	◎
D	○	△

問 18

正解 ①

解説 次の図はそれぞれのツールのイメージ図である。⓪は作業の順序や判断，アルゴ
リズムなどを図式化したものである。②は複数の集合の関係や，集合の範囲を視覚的
に図式化したものである。③は「焦点化する」，「抽象化する」，「構造化する」ことを
助ける思考ツールの一種で，集めた情報を抽象化して，主張へと導く効果が期待される。
正解の①を作成する際には，各作業に要する時間をあらかじめ把握したり，各作業の
関連性を明確にしたり，予定の変更の可能性を考慮したりすることが重要である。

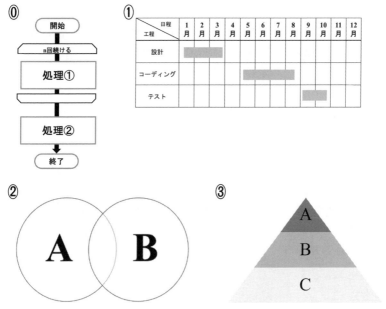

問 19

正解 ②

解説 ブレインストーミングは複数人で考え方や発想の違いを利用して，自由に多くの意
見を出して，より多くのアイデアを生み出す方法である。ブレインストーミングは思考
を「発散」する方法であるため，⓪は誤りである。アイデアをたくさん出すためには，
意見を「肯定的」に捉えて，広げる必要があるため，①は誤りである。ブレインストー
ミングの後，アイデアを収束するときには，アイデアの「質」を意識してよりよいアイ
デアにアップデートする必要があるので，③も誤りである。

| 3 | 情報に関する法や制度 |

問 20

正解 ①

解説　知的財産に関する権利を総称して知的財産権といい，産業に関する産業財産権と創作物を保護する著作権に分けることができる。産業財産権は特許庁に申請することで権利が認められるという方式主義をとっているが，著作権は著作物を創作したときに発生する無方式主義をとっている。

問 21

正解 ②

解説　産業財産権は主に 4 つの権利に分類できる。以下がその対応表である。

ア	商標権	商品に使用するマークや文字などを独占的に利用できる権利
イ	特許権	産業上高度な発明を独占的に利用できる権利
ウ	意匠権	形状や模様や色彩などの商品自体のデザインを独占的に利用できる権利
エ	実用新案権	モノの構造や小発明を独占的に利用できる権利

問 22

正解 ③

解説　実用新案権の保護の対象は「物品の形状，構造又は組合せに係る考案」に限定されている。⓪〜②はそれに当てはまる。③のワクチンのような新しい「技術」や「製造方法」は，実用新案権の保護対象ではなく特許権の保護対象である。

問 23

正解 ⓪

解説　商標権の保護期間は登録の日から 10 年と定められているが，商標権は事業者の営業活動によって蓄積された信用を保護することを目的としている。そのため，必要な場合には，保護期間の更新登録の申請によって，10 年ごとに何度でも更新することができる。①の特許権の保護期間は出願から 20 年，②の実用新案権の保護期間は出願から 10 年と定められていて，いずれも更新は不可である。③意匠権の保護期間は出願から最長で 25 年間と定められていて，更新は不可である。

問 24

正解 ⓪

解説 ⓪は著作権法の第1条に目的として明示されている。①の著作隣接権はテレビ局などの放送事業者などに与えられる権利であり，著作者に与えられる権利ではない。②の著作物の定義は「思想または感情を創作的に表現したもの」であり，第12条の例示にプログラムも含まれている。③の著作権の保護期間は著作者の死後70年までと定められている。なお，無名・変名・団体名義で公表された著作物や映画の著作物については，公表後70年までが保護期間である（第52〜54条）。

問 25

正解 ①

解説 ⓪は著作権の中の「同一性保持権」の説明で，②は大学などに多く設置されている「ラーニングコモンズ」の説明，③は著作権の中の「著作者人格権」の説明である。

問 26

正解 ①

解説 著作権は著作権者の死後70年までの間が保護期間として定められている。映画の場合は公開後70年の間が保護期間として定められている。

問 27

正解 ⓪

解説 アは著作物を利用するときは，著作者の名前や作品名を表示することを条件にするときに使用するマークである。イは著作物を利用するときは，非営利であることを条件にするときに使用するマークである。ウは著作物を利用するときに，元の作品を改変しないことを条件にするときに使用するマークである。

問 28

正解 ②

解説 引用の際には，敬意を表す表現を含める必要はない。

第1章

問 29

正解　③

解説　⓪〜②はいずれも一般的な慣行ではない。また，著作権法第 20 条で，著作物及びその題号の同一性を保持する権利が認められている。したがって引用した部分の内容を変更しない。

問 30

正解　②

解説　⓪他人が書いた文章を，自分が書いたようにして提出することは盗作である。①出典は必ず記す必要がある。③まとめサイトなどは誰が編集しているかわからず，正確さの保障がないため，引用に適さない。

問 31

正解　⓪

解説　学校教育における著作物の利用については，問題文の通りである。なお，第 35 条は塾や予備校には適用されない。また，学校での利用であっても，授業以外での利用については適用されない場合がある。

問 32

正解　③

解説　著作権法で「私的使用のための複製」（30 条）が認められている。⓪は SNS で公開しているため，「公衆送信権」（23 条）の侵害にあたる。①の楽譜のコピーは「複製権」（21 条）の侵害にあたる。また，他人に複製したものを譲渡していて，「私的使用のための複製」（30 条）の範囲である「個人的にまたは家庭内その他これに準ずる限られた範囲内」を超えていて，原作者や出版社の不利益につながる。②ではライブを撮影すること自体の違法性はないが，主催者や出演者の判断で禁止している場合もある。しかし，ライブを撮影した映像を販売しているので，「私的使用のための複製」（30 条）の範囲を超えていて，「著作隣接権」（89 条）の侵害や肖像権の侵害にも該当することがある。

問 33

正解　③

解説　「学校その他の教育機関における複製等」(35 条) により，学校行事や授業においては，必要と認められる限度で著作権者の許諾なしに著作物の複製や公衆送信が可能である。⓪は学校行事にあたるため著作権者への許諾なしで複製利用が可能である。①と②は学校行事であり，「営利を目的としない上演等」(38 条) にあたるため，著作権者の許諾を得る必要はない。③は学校行事ではあるが，「営利を目的としない上演等」に該当しないため，著作権者に許諾をとる必要がある。

問 34

正解　②

問 34

解説　「学校その他の教育機関における複製等」(35 条) によって教育を担任する者と授業を受ける者に対して，授業の過程で著作物を無許諾・無償で複製することが認められている。しかし，著作権者の利益を不当に害することとなる場合はその限りではない。したがって②は書店等でも購入できる問題集であるので，生徒にコピーを配布すると，問題集の著作権者が得るはずだった利益を害することにつながるので，著作権者や出版者に許諾をとる必要がある。⓪と①の引用について，公表された著作物は，引用して利用することができる (32 条)。③については授業の過程での著作物の複製にあたるので，著作権者への許諾なく，著作物を使用することができる。

問 35

正解　⓪

解説　⓪は私的利用の範囲であるので，著作者の許可なく著作物の利用ができる。①は商用利用が禁止されているため，ショッピングサイトでの使用は適切でない。②は映画の著作物の保護期間は，公表後 70 年であるため適切でない。③は一定の条件を満たす場合を除き，著作物を許諾なく使用することは，複製権の侵害になるため適切でない。

問 36

正解　②

解説　ソフトウェアは著作物であるため，無断でコピーしてそのソフトを使用することは著作権の侵害になる。⓪は私的使用の範囲内であれば複製しても問題ない。①はオープンソースのコードを複製することは問題ない。なお，オープンソースのコードを改変して作ったプログラムを公開する場合は，元のコードのライセンスに従う必要がある。③美術作品の解説のために，展示会関係者が，作品の写真を掲載した小冊子を作成することは問題ない（第 47 条）。

問 37

正解　②

解説　個人がインターネット上に無断でテレビ番組をアップロードすると，10 年以下の懲役または，1000 万円以下の罰金，もしくはその両方が科される可能性がある。

問 38

正解　②

解説　⓪は氏名，住所，生年月日，性別を「基本四情報」と呼んでいる。①資産や収入とその持ち主である個人が併記されていれば，個人を特定できるため個人情報である。②指紋などの個人の身体的特徴を符号化したものは「個人識別符号」に含まれるため，個人情報である。③は要配慮個人情報として，取り扱いに特に配慮が必要な個人情報である。要配慮であるかどうかにかかわらず，個人情報の第三者提供には，原則として本人の同意が必要である。（個人情報保護法 27 条）

問 39

正解　③

解説　⓪エスクローサービスとは，第三者が販売者と購買者を仲介し，代金の支払いを代行するサービスである。①は友達の一覧からでも個人を特定できる可能性がある。②の場合は顔と名前の組合せによって個人を特定できるため，個人情報といえる。③の ID 連携機能とは，すでに利用している他の Web サービスのアカウント情報を転用できる機能である。アカウント情報を新たに入力する必要がなくなり利便性が高まる一方で，連携している ID とそのパスワードが流出した場合には，不正アクセスの危険性が高まる。

問 40

正解　②

解説　肖像権とは，自分の顔や姿について，それらの撮影や公表をコントロールできる権利である。⓪と①は著作権の侵害にあたる。また⓪について，配信サイトと権利団体が包括契約を結んでいることが多く，その条件下であれば権利侵害にならない。③は名誉毀損罪になる。

問 41

正解　⓪

解説　パブリシティ権とは，芸能人やアスリートなどの多くの人から注目を集める人の氏名・肖像に関する財産的な利益を守る権利である。①は「複製権」（著作権法 21 条）の侵害にあたる。②はパブリシティ権は侵害しないが，初めから転売目的で入手し，あまりにも高額で転売することはマナー違反とされる可能性がある。なお，イベントなどのチケットについては，不正転売は禁止されている。③は違法ではないが，ジャンク品という記載をせず販売するとサイトによっては，規約違反となることもある。

4　情報セキュリティの重要性

問 42

正解　③

解説　情報セキュリティの 3 要素の説明は次の表の通りである。それぞれの英語の頭文字をとって「セキュリティの CIA」とも呼ばれている。

	説明	解説
機密性 Confidentiality	情報が秘密裏に保たれ，不正アクセスから守られるという性質を指す。	機密情報が漏洩しないように管理し，必要な人だけアクセスできるようなセキュリティ対策が求められる。
完全性 Integrity	情報が改ざんされていないという性質を指す。	データや情報が不正に変更されたり，破壊されたりしないように保護する必要がある。
可用性 Availability	情報が必要なときに利用可能であるという性質を指す。	システムやデータへのアクセスが滞りなく行われ，利用者が必要な情報にアクセスできる状態を保つ必要がある。

問 43

正解　①

解説　語句の説明は問題文の通りである。なおファイアウォールは，不正アクセスを検出および遮断するソフトウェアやハードウェアのことをいう。

問 44

正解　①

解説　セキュリティホールは OS やソフトウェアの設計ミスなどによってシステムに生じるセキュリティ上の欠陥のことであるため，①はセキュリティの向上にならない。その他の選択肢は，不正アクセスを防止するために必要な取り組みである。

問 45

正解　③

解説　ソーシャルエンジニアリングは人の心理的な隙や行動のミスにつけこんで，情報通信技術を使わずパスワードなどの重要な情報を抜き取ることである。具体的には，ゴミを漁ったり，パスワードを盗み見することで不正に情報を盗み出す。したがって，③はセキュリティ上留意すべきことではあるが，ソーシャルエンジニアリング対策としては適当でない。

問 46

正解　①

解説　フィッシング詐欺は，電子メールや偽のウェブサイトなどを利用して，個人情報やパスワードを詐取する詐欺手法である。被害者を騙して個人情報を提供させることで，詐欺師が不正行為に利用する。

問 47

正解　⓪

解説　①はアップデートすることでアプリの脆弱性を解消できることがあるため，アップデートは積極的に行い，常に最新の状態にする必要がある。②のように，サポートが切れたアプリをそのまま使い続けるとセキュリティの脆弱性を抱えたままアプリを使用することになり，サイバー攻撃の標的になる可能性がある。③定評があるとしても詳しい情報を事前に確認し，問題がないことを確認した上でインストールすることが重要である。

問 48

正解 ③

解説 不正アクセスなどで情報が漏洩した場合，複数アカウントで同じパスワードを設定していると，被害が拡大するおそれがある。そのため，異なるアカウントではそれぞれ異なるパスワードを用いるのがよい。

問 49

正解 ②

解説 ワンタイムパスワードは，一定の時間ごとに発行される，所定の期限までしか使えないパスワード，およびそれを採用した認証の仕組みのことである。このワンタイムパスワードを盗まれたとしても，期限を過ぎたワンタイムパスワードを再度使うことはできないので，安全性が高いといえる。

問 50

正解 ⓪

解説 ①ア「秘密の質問」は知識認証，イ「携帯電話」は所有物認証，ウ「声紋」は生体認証である。②ア「パスワード」は知識認証，イ「声紋」は生体認証，ウ「ICカード」は所有物認証である。③ア「携帯電話」は所有物認証，イ「指紋」は生体認証，ウ「秘密の質問」は知識認証である。

問 51

正解 ②

解説 ⓪は「キーロガー」の説明である。①は「リモートアクセスツール」の説明である。リモートアクセスツール自体は，自宅から社内の PC を操作するなどの目的で使われるものであり，マルウェアではない。③「ブラウザハイジャッカー」の説明である。

問 52

正解 ①

解説 ⓪は「ボット」の説明である。②は「トロイの木馬」の説明である。③は「ワーム」の説明である。

問 53

正解　②

解説　⓪は「キーロガー」の説明である。①は「バックドア」の説明である。③「バンキングマルウェア」の説明である。

問 54

正解　②

解説　⓪クロスサイトスクリプティングは，Web サイトやアプリケーションなどの脆弱性を利用して，ユーザーの個人情報を盗み取ったり，不正プログラムに感染させたりする攻撃方法のことである。①SQL インジェクションは Web サイトやアプリケーションの脆弱性を利用してデータベースのデータの改ざんや消去など不正に操作する攻撃方法のことである。②は問題文の通りである。③ディスクリプション攻撃は攻撃者がデータや情報を暗号化して利用者に解読させることで情報を盗み出す攻撃手法である。

問 55

正解　⓪

解説　USB メモリなどの外部記録装置はマルウェアに感染している可能性があるので，コンピュータに接続する際には必ずウイルスチェックを実施する。

問 56

正解　①

解説　フィッシングとは偽の Web サイトで個人情報を入力させて，それを盗む行為である。したがって，偽物の Web サイトであるかを URL で確認して判断することが必要である。⓪のフィルタリング機能は，不適切なサイトやアプリの利用を制限できる機能であるため，誤りである。②ウイルス対策ソフトをインストールすることは，セキュリティ向上のために有効な手段であるが，インストールするだけでなく，最新の状態に更新するほうがよい。③の Web サイトで個人情報を入力するときは，送信ボタンを押す前に慎重になることが肝要であるため，誤りである。

5 情報モラルとこれからの情報社会

問 57

正解 ③

解説 爆破予告がなされれば，駅であれば列車を停止，施設であれば利用者を避難させる必要があるため，業務妨害罪に問われる。また，殺人予告も含まれる内容であれば，対象者に対する脅迫罪にも問われる。18歳未満であっても，刑法上は14歳以上であれば罪に問われる。

問 58

正解 ⓪

解説 ①問題行動の書き込みを発見した場合は，そのSNSのシステム管理者に通報する。②投稿記事をコピーして拡散することは，炎上を引き起こしたり，加害者になる可能性がある。炎上による知名度アップを狙っている「炎上マーケティング」の可能性もあるため加担せず静観するとよい。③「まとめサイト」には，話題についての事実のみが記載されているとは限らない。

問 59

正解 ②

解説 インターネット上に書き込まれた内容がコピーされて拡散し，残ってしまうことをデジタルタトゥーという。⓪システム管理者が必ず削除するとは限らない。また，利用規約やシステムの仕組み上，削除できないことがある。①個人を特定できる情報については，SNS上か通常の掲示板かを問わず，無断で書き込んではならない。③情報を発信する際は自分の主観に基づく価値基準で判断するのではなく，法的・倫理的に問題ないかを基準として考える必要がある。SNSは，実社会でのコミュニケーションツールの一つであることを意識する事が重要である。

問 60

正解　①

解説　まとめサイトは，誰が編集しているサイトかわからない。個人の思い込みや勘違い，誤った情報が書かれることがあるため，何かを調べるきっかけには有効であるものの，信憑性は低い。まとめサイトの記述で出典が明示されている場合は，その出典を自ら確認し，出典の方を引用するとよい。

問 61

正解　③

解説　デジタルデバイドとはインターネットやコンピュータ等を利用できる者と利用できない者との間に生じる格差のことである。それにより，社会的な貧富や機会の差が広がっている。

問 62

正解　②

解説　テクノストレスは，コンピュータなどの情報通信機器によって引き起こされる様々なストレスであるため，学ぶ意欲が高まるというものではない。

問 63

正解　①

解説　ペアレンタルコントロール（parental control）機能は，設定により保護者が子どものスマートフォンの機能を制限できる。ネット依存の予防方法の一つである。

問 64

正解　②

解説　⓪について，クラウドサービスではすべてのファイルが公開されるわけではなく，ファイルの共有範囲も指定できることが多い。①について，突如サービスに障害が出たり，サービス内容が変更・終了してファイルが消える可能性があるため，大切なファイルは事前にバックアップをとることが重要である。③について，動画ストリーミングサービスは，クラウドサービスの一つである。

問 65

正解　⓪

解説　①データを分析した上で，予測や提案を示すことができる。②入力に関するデータを分析の上，自ら認識・学習・判断・予測し，柔軟な出力を行うことができる。③人工知能がプログラムである限り，生命体としての身体を得ることはできない。

問 66

正解　③

解説　掃除ロボットにはセンサーが付いていて，それにより障害物を避けることができる。また間取りや家具の配置を学習し，同じルートを通らずに，効率よく掃除できる。掃除ロボットは電力消費も把握しているので，掃除が終わり次第，充電器の元まで戻ることもプログラムされている。

問 67

正解　①

解説　二次元コード決済はネットワークを経由して情報をやり取りするため，オフライン状態では使用できない。

問 68

正解　②

解説　クラウドファンディングの説明は問題文の通りである。

問 69

正解　①

解説　⓪は AR の説明である。②は VR の説明である。③はテレイグジスタンスの説明である。

問 70

正解　③

解説　Society 5.0 は，「超スマート社会」をさす。超スマート社会では，IoT ですべての人とあらゆるものがつながり，新たな価値を想像することが期待されている。⓪は農耕社会（Society 2.0）の説明である。①は工業社会（Society 3.0）の説明である。②は情報社会（Society 4.0）の説明である。

第2章 | コミュニケーションと情報デザイン

1 コミュニケーション手段の特徴

問1

正解 ①

解説 ワンウェイモデルでは，情報の伝達が一方向に行われるため，受信者からのフィードバックがない。

問2

正解 ③

解説 テレビ，新聞，インターネットなど，さまざまなメディアが存在し，情報の発信や受け取りを可能にしている。

問3

正解 ①

解説 図は，瞬間的な理解が必要な場合に適する「表現」のためのメディアである。

問4

正解 ②

解説 ⓪文字や図などは「伝播メディア」である。①「伝播メディア」の説明である。③「成果メディア」の説明である。成果メディアは，コミュニケーションを行ったときに成果が生じる（うまくいく）ために必要となるメディアのことである。成果メディアは伝播メディアのような物理的な存在ではなく，「真理」「法」「権力」「貨幣」「愛」や「宗教」「芸術」などが具体例である。これらが存在することで，コミュニケーションがどのように「うまくいく」のかを考えてみるとよい。

問5

正解 ⓪

解説 ②コミュニケーションツールのグローバル化により，発信した情報が異なる社会や文化をもつ相手に届くことが多くなったため，社会や文化の違いにより一層配慮する必要が生じている。

問6

正解 ②

解説 リアルタイム性とは，時間の経過に合わせて最新の情報を提供する性質のことである。

問7

正解 ③

解説 テレビは幅広い年齢層の人々に情報を伝えられるメディアではあるが，正しい情報が伝えられるとは限らない。

問8

正解 ①

解説 3D円グラフは手前が大きく見えるという効果があるため，割合を比較する際に使用するのは不適切である。また，10代〜30代の割合を表示しないことで，あたかも割合が低いかのような印象を与える可能性がある。

問9

正解 ②

解説 帯グラフの80%以下を省略することで，「そう思う」の割合を強調する印象操作をしている。80%以下も全て表示すれば，3カ国とも「人生はお金が全てだとは思わない」人が多いことがわかる。なお，図2の全体像は次の通りである。

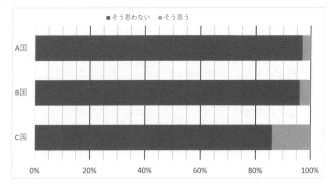

問 10

正解　①

解説　クロスチェックにより，受信した情報の信憑性を判断することが重要である。また，受け手によってその情報の有益性は異なるため，拡散すべき情報であるか判断することなしに，無闇に情報を拡散させない方がよい。

問 11

正解　⓪

解説　ステルスマーケティングとは，広告であることを隠して，商品やサービスを宣伝するマーケティング手法のことである。この手法は消費者にとって誤解を招くおそれがあるため，広告であることを明示するよう，法律が改正されて，現在は規制対象となっている。

2　コミュニケーションツールの特徴

問 12

正解　**⓪**

解説　**①**文字や印刷技術・写真の発明により，言語情報の他，絵や画像を記録できるようになった。**②**インターネットが登場したことで，地理的・時間的な制約を越えてコミュニケーションを図れるようになった。**③**情報のデジタル化により，情報の劣化を防ぐとともに，情報の加工・複製が容易になった。

問 13

正解　**③**

解説　**⓪**室内や建物内においてコンピュータや電子機器をケーブルで繋いで通信する有線 LAN の標準規格。1973 年に誕生した。**①**ネットワーク上に仮想の専用線を実現する技術。2000 年代前半に誕生した。**②**インターネット技術を利用した企業内ネットワーク。

問 14

正解　**①**

解説　**⓪**インターネットでの通信では，専用線での通信を除き，複数の通信回線を使用する。専用線の敷設はセキュリティこそ高いが高額な費用を要する。ブロードバンドが普及した現在においても同様である。**②**パケット交換はブロードバンド化以前の ARPANET で採用された通信技術であり，現在においても活用されている。**③**ブロードバンドではなくデジタル技術の説明である。

問 15

正解　**③**

解説　**⓪**電子掲示板で実名を公開せずに情報を発信したとしても，IP などを調査することで発信者を特定できる場合があり，責任を追及される可能性がある。**①**一度インターネットに公開した情報は，完全には削除できない。**②**個人を特定できる情報は，たとえフェイクニュースのような嘘や冗談であったとしても，発信するべきではない。

3　情報デザインの役割

問 16

正解　⓪

解説　情報デザインとは，効果的なコミュニケーションや問題解決のために，情報を整理したり，目的や意図を持った情報を受け手に対して分かりやすく伝達するための，デザインの基礎知識や表現方法およびその技術のことである。

問 17

正解　②

解説　情報デザインとは，必要な情報が効果的に受け手に届くように，情報を分かりやすく整理する手段である。そのためには，情報を収集・整理することのほかに，考察した上で適切な方法で表現・伝達することが重要である。⓪，①，③は考察した上での表現の具体例である一方で，②は情報の収集の具体例である。「走り書き」においては，表現方法や表現形式を考察するよりも，情報を瞬時に記録することを優先する必要がある。

問 18

正解　①

解説　可視化の具体例である。可視化では，データを表やグラフ，図解するなどの方法で分かりやすく表現する。⓪，③は問題解決の例ではあるが，情報デザインではなく，一般的なデザインによるものである。②は，撮影によりどのような問題を解決したのかが不明瞭である。

問 19

正解　③

解説　情報デザインにおける計画は，具体的な手順やスケジュールを立てることを指している。デザインのプロセスや作業の進め方を計画することで，効率的にデザインを進めることができる。

問 20

正解　②

解説　情報デザインを学ぶことで，送り手は「情報の見せ方」などの「情報の示し方」を習得できるが，その情報を伝える目的を把握した上で整理することが重要である。

4 情報デザインの要素とその手法

問21

正解 ③

解説 情報デザインでは,「情報の抽象化」「情報の構造化」「情報の可視化」などの手法が用いられる。

問22

正解 ⓪

解説 情報の抽象化は,具体的な事例や詳細から一般的な要素やパターンを抽出し,情報を一般化して表現することを指している。これにより,情報をより普遍的なレベルで理解することができる。⓪情報の可視化の事例。

問23

正解 ②

解説 情報の可視化は,情報をビジュアルな形式(図やグラフ,チャートなど)に変換することを指している。これにより,情報を視覚的に理解しやすくし,効果的に伝えることができる。②情報の抽象化の事例。

問24

正解 ⓪

解説 情報の構造化は,情報を論理的な順序や階層に整理し,関連性や組織性を持たせることを指している。これにより,情報を効果的に伝えるための枠組みを作ることができる。⓪情報の抽象化の事例。

問25

正解 ①

解説 サイトマップは,ウェブサイトやアプリの情報構造やナビゲーションをグラフィカルに表現する手法である。情報の結びつきや階層関係を可視化し,情報の流れを明示する。

第2章

問 26

正解 ⓪

解説　情報の結びつきの表現は，情報を論理的な関係や連携に基づいて結びつけて表現することを指している。情報同士の関係性や相互作用を明示することで，情報の理解や活用を支援する。

問 27

正解 ①

解説　究極の5個の帽子掛けは，場所・アルファベット・時間・カテゴリー・階層という，情報デザインによる問題解決のための5つの視点を意味する。それぞれ異なる視点から問題を考えることで，多角的な分析や解決策の探究が可能となる。

問 28

正解 ①

解説　「情報の可視化」では，グラフや表，インフォグラフィックスなどが使われる。①文書にまとめることで情報を厳密に記述することが可能になるが，全体像を見やすく可視化することはできない。

問 29

正解 ①

解説　ピクトグラムの配色には「JIS 安全色」が使われる。⓪安全な場所や避難場所，救護所などを表す。高速道路標識の配色は，「道路標識，区画線及び道路標示に関する命令」（標識令）で定められている。②注意喚起を表す。③指示を表す。くっきりと明るい青は視認性が高く，情報を伝える色として使われる。

問 30

正解 ③

解説　ピクトグラムとは，情報や指示，案内などを単純化した絵や図形で表したものである。言語によらず，情報を伝達することが可能であり，街頭や施設内での案内に用いられる。

問 31

正解　⓪

解説　ピクトグラムやグラフは，情報をビジュアル化することで直感的に理解しやすくする。図や図形を使ってデータや情報を視覚的に表現することで，効果的な情報伝達が可能となる。

問 32

正解　②

解説　⓪インフォグラフィックスは情報を整理し，分析し，デザインしたものであるため，伝えられる情報量は少なくなる。①インフォグラフィックスは文字（文章）ほど厳密に表現できないため，情報の整理の仕方やグラフィックの見せ方を誤ると，情報が意図しない形で伝わったり，誤って解釈されてしまう恐れがある。③Web 広告やポスターに加えて，プレゼン資料や経路図，年表など幅広く利用されている。

問 33

正解　②

解説　インフォグラフィックスは，複数の情報やデータを組み合わせて分かりやすく視覚的に表現する手法である。テキスト，図表，イラストなどを組み合わせて情報を伝えることで，効果的な情報伝達が可能となる。

問 34

正解　⓪

解説　インフォグラフィックスの目的は，情報を視覚的に分かりやすく伝えることである。

問 35

正解　①

解説　ユーザインタフェースは，情報の受け手となるユーザと機器の間にある（inter）接点（face）である。例えば，ウェブサイトやアプリの画面やメニューなどが該当する。情報伝達の効果を高めるために，ユーザの使いやすさや操作性に配慮する必要がある。

問 36

正解　⓪

解説　CUI（Character User Interface）は，画像やアイコンを使わず，文字だけで操作するユーザインタフェースである。CUI では，マウスやタッチパッドの代わりにキーボードで「コマンド」と呼ばれる操作命令を入力して操作する。① は GUI，② は HDMI，③ は API の説明である。

問 37

正解　②

解説　GUI（Graphical User Interface）は，アイコンやボタンを用いて直感的に分かりやすくコンピュータへ命令や指示を出せるようにしたユーザインタフェースである。GUI では，キーボードの他マウスやタッチパネルなどを用いて視覚的に操作できる。また，ウインドウを切り替えることで，複数のアプリケーションを並行して操作できる。一方で，「大量のデータを一括処理することが難しい」「CUI に比べてメモリやストレージの消費量が大きい」といったデメリットがある。

5　情報デザインの考え方を活かしたコミュニケーション

問 38

正解　①

解説　人間中心設計は，ユーザのニーズや行動を重視して情報や製品を設計する手法である。ユーザの視点や使いやすさを考慮し，効果的な情報伝達を実現する。

問 39

正解　①

解説　アート思考とは，「主観的視点で物事をとらえ，既成概念にとらわれず自由に思考することで新たなものを創造する思考法」である。また，IEEE は世界最大の電気・電子関係の技術者組織であり，通信規格の標準化などの活動を行っている。

問 40

正解　①

解説　アフォーダンスとは，過去の行動や思考などをもとに，初めて見たものへの予測可能な操作や行為を表す。シグニファイアとは，特定の操作や行為をさせる手がかりになるものを表す。

問 41

正解　②

解説　⓪ボタンに表示された記号がブルーレイプレーヤーの適当な操作を促すシグニファイアである。①7つの四角は郵便番号を記入するよう促すシグニファイアである。③切り込みは，包装を開封するよう促すシグニファイアである。②は，台所と人間の関係性を示す手がかりになっていない。

6　コンテンツ制作の過程・評価・改善

問 42

正解　⓪

解説　ペルソナとは，商品やサービスを利用すると考えられる典型的なユーザ像を指す。ペルソナはターゲットよりも詳細な人物設定であるため，チーム内で共通認識を持ち，効率的なマーケティングができる。

問 43

正解　②

解説　ユニバーサルデザインの原則は，次の7つである。

・誰でも公平に利用できること（公平性）
・使う上で自由度が高いこと（自由性，柔軟性）
・使い方が簡単ですぐわかること（単純性）
・必要な情報がすぐに理解できること（分かりやすさ）
・うっかりミスや危険につながらないデザインであること（安全性）
・無理な姿勢をとることなく，少ない力で楽に利用できること（省体性）
・アクセスしやすいスペースと大きさを確保すること（スペースの確保）

問 44

正解　③

解説　カラーユニバーサルデザインとは，誰に対しても正しい情報が伝わるように色だけに頼らないデザインをする工夫を指す。③はグラフの色が見分けにくく，グラフの情報が正しく伝わらない場合がある。

問 45

正解　①

解説　デザイン思考とは，顧客の問題を解決するための商品やサービスを開発するための思考法であり，問題解決に向けたアイデアを試行錯誤しながら形にしていく。⓪アート思考の説明である。②ロジカル思考の説明である。③クリティカルシンキング（批判的思考）の説明である。

第3章 | コンピュータとプログラミング

1　情報のデジタル化

問1

正解　②

解説　ラスタデータは画素を並べてフォントや画像を表現したものであり，拡大するとジャギーが目立つ。一方，ベクタデータは計算によって図形を再現するため，拡大してもジャギーが出ない。正確さを求める作業ではベクタデータが適する。⓪ビットマップフォントは，画面に小さな文字を表示するときなどに用いられる。①アウトラインフォントは，画面表示や印刷などで広く用いられる。

問2

正解　①

解説　デジタルデータは連続的な量を一定間隔で区切って，数値で表現する表現方式のことである。①連続的な形で量を表すアナログ方式の特徴である。

問3

正解　⓪

解説　D/A変換とは，デジタルデータをアナログデータに変換することである。①と②はアナログデータをデジタルデータに変換するA/D変換である。③は複数の動画や画像や音声などのデジタルデータを結合させて1つのデータにすることである。したがって，答えは⓪である。

問4

正解　②

解説　$1111_{(2)} = \underline{1} \times 2^3 + \underline{1} \times 2^2 + \underline{1} \times 2^1 + \underline{1} \times 2^0 = 8+4+2+1 = 15_{(10)}$

問5

正解　③

解説　$10100_{(2)} = \underline{1} \times 2^4 + \underline{0} \times 2^3 + \underline{1} \times 2^2 + \underline{0} \times 2^1 + \underline{0} \times 2^0 = 20_{(10)}$

問 6

正解　②

解説　$49_{(10)}$ を 2 進法で表すためには，49 を 2 で割りながら商が 1 になるまで繰り返し 2 で割る。余りを下から順に並べたものが 2 進法となる。49 を 2 で割ると商が 24 残り 1，24 を 2 で割ると商が 12 余り 0，12 を 2 で割ると商が 6 余り 0，6 を 2 で割ると商が 3 余り 0，3 を 2 で割ると商が 1 余り 1 である。これらの余りを下から順に並べると，$110001_{(2)}$ になる。なお，$49 = \underline{1} \times 2^5 + \underline{1} \times 2^4 + \underline{0} \times 2^3 + \underline{0} \times 2^2 + \underline{0} \times 2^1 + \underline{1} \times 2^0$ であることからも，$49_{(10)} = 110001_{(2)}$ と分かる。

問 7

正解　⓪

解説　$67_{(10)}$ を 2 で割っていく。$67 \div 2 = 33$ 余り 1，$33 \div 2 = 16$ 残り 1，$16 \div 2 = 8$ 余り 0，$8 \div 2 = 4$ 余り 0，$4 \div 2 = 2$ 余り 0，$2 \div 2 = 1$ 余り 0 である。よって，$1000011_{(2)}$ となる。なお，$67 = \underline{1} \times 2^6 + \underline{0} \times 2^5 + \underline{0} \times 2^4 + \underline{0} \times 2^3 + \underline{0} \times 2^2 + \underline{1} \times 2^1 + \underline{1} \times 2^0$ であることからも，$67_{(10)} = 1000011_{(2)}$ と分かる。

問 8

正解　①

解説　$1F_{(16)} = \underline{1} \times 16^1 + \underline{15} \times 16^0 = 16 + 15 = 31_{(10)}$

問 9

正解　①

解説　$246_{(10)}$ を 16 で割っていく。$246 \div 16 = 15$ 余り 6，$15 \div 16 = 0$ 余り 15 である。15 は 16 進法では F である。よって $F6_{(16)}$ となる。なお，$246 = \underline{15} \times 16^1 + \underline{6} \times 16^0$ であることからも，$246_{(10)} = F6_{(16)}$ と分かる。

問 10

正解　③

解説　C と 3 をそれぞれ 4 ビットの 2 進法へ変換する。C は 10 進法の 12 に変更した上で 2 で割っていく。$12 \div 2 = 6$ 余り 0，$6 \div 2 = 3$ 余り 0，$3 \div 2 = 1$ 余り 1 である。よって C は $1100_{(2)}$ となる。同様に，3 を 2 で割っていくと，$3 \div 2 = 1$ 余り 1 であり，4 ビットでは $0011_{(2)}$ となる。よって 2 つの 4 ビットの 2 進法を組み合わせると $11000011_{(2)}$ となる。

問 11

正解 ⓪

解説 1011 と 0101 とを分けて，それぞれを 10 進法に変換した上でさらに 16 進法に変換する。1011 を 10 進法に変換すると，$\underline{1} \times 2^3 + \underline{0} \times 2^2 + \underline{1} \times 2^1 + \underline{1} \times 2^0 = 8 + 0 + 2 + 1 = 11$ である。11 を 16 進法に変換すると B となる。0101 を 10 進法に変換すると，$\underline{0} \times 2^3 + \underline{1} \times 2^2 + \underline{0} \times 2^1 + \underline{1} \times 2^0 = 0 + 4 + 0 + 1 = 5$ である。よって 2 つの数値を並べると $B5_{(16)}$ となる。

問 12

正解 ②

解説 コンピュータで負の数を表現する場合，補数を利用する。補数とは，ある自然数に対して，足すと 1 桁増える最も小さな数である。本問は 4 桁の 2 進法 $0101_{(2)}$ の補数を求めるので，補数は 1 を足すと 5 桁（$10000_{(2)}$）になる最も小さな数である。

問 13

正解 ①

解説

$-12.25_{(10)}$ は，12 と 0.25 と分けて計算する。$12_{(10)} = 1100_{(2)}$，$0.25_{(10)} = 0.01_{(2)}$ であるので，$-12.25_{(10)} = -1100.01_{(2)} = -1.10001 \times 2^3$ である。

IEEE が定めた 32 ビットの浮動小数点数 IEEE 754 は，$(-1)^S \times 1.M \times 2^{E-127}$ で表す。

符号部 S は左端 1 ビットに該当し，0 を正，1 を負とする。

また，$2^3 = 2^{130-127}$ であるので，$E = 130_{(10)}$ である。

浮動小数点数（32 ビット）は，S，E，M の順に並べる。

よって，$-12.25_{(10)}$ は $\underbrace{1}_{S}\underbrace{100\ 0001}_{E}\ \underbrace{0100\ 0100\ 0000\ 0000\ 0000\ 0000}_{M}{}_{(2)}$ である。

問 14

正解 ⓪

解説 デジタル化された数値や文字を表すために bit を使う。bit はデータ量の最小単位で，0 または 1 の 2 つの値を表す。

問 15

正解 ①

解説 デジタルデータの転送速度は，1 秒間に転送されるデータのビット数であり，一般的には，bps（bit per second）単位で表されることが多い。

問 16

正解　③

解説　1 byte（B）は 8 bit であるので, $2^8=256$ 通りの情報を扱える。

問 17

正解　⓪

解説　かつて世界各国では，ASCII を拡張して自国の言語を扱える文字コード体系を定めていた。日本では，JIS コードや Shift_JIS, EUC-JP などのエンコーディング方式が考案され，しばらく利用されてきたが，インターネットの普及により，世界中の多くの文字を統一して扱える文字コード体系の必要性が高まり，Unicode がつくられた。

問 18

正解　②

解説　数値や文字をデジタル化するためには，文字コードが必要である。ASCII（American Standard Code for Information Interchange）は，英数字や一部の記号を表現するために使用される文字コードである。

問 19

ア

正解　②

解説　⓪Kawaikaku　①Kanjijuku　③Kanaisaku

イ

正解　⓪

解説　①<Mori_ai>　②<Moumou_>　③<Mo~chai>

問 20

正解　⓪

解説　画像の解像度は，ピクセル単位で表される。ピクセルは，画像を構成する最小の色情報の単位である。

問 21

正解　③

解説　⓪JPEG や MP3 は非可逆圧縮のファイル形式である。①PNG や ZIP は可逆圧縮のファイル形式である。②非可逆圧縮は元のデータに戻せる必要性がないため，一般的には可逆圧縮よりも圧縮率が高く（圧縮後のデータ量が小さく）なる。

問 22

正解 ①

解説　ランレングス法では，同じ値または同じパターンが続く部分を数え，その数値を用いて符号化する。例えば，"AAAAABBBBCCCDDDEEEE" というデータを符号化すると "5A4B3C3D4E" となり，データ量を減らせる。しかし，"ABCDABCD" というデータを符号化した場合，"1A1B1C1D1A1B1C1D" となり，データ量が増大する。このように，データ中に繰り返しがないと，符号化後のデータが元のデータより膨らんでしまうという欠点がある。

問 23

正解 ⓪

解説　JPEG では，画像をいくつかのパターンに分解して，それぞれに数値を当てはめる DCT（離散コサイン変換）という手法を用いる。具体的には，元画像を 8×8 個のブロックに分け，DCT 演算でデータを量子化（変換）し，高周波成分と低周波成分に分解する。高周波成分の情報は取り込まず，低周波成分の必要な情報をブロックごとに間引きして取り出してデータを減らす。人間の目にはその違いがほとんど分からないため，画質（品質）を保ちながらデータを減らすことができる。

問 24

正解 ②

解説　音は空気の振動が伝わっていく波（縦波）の現象である。1秒間に含まれる波の数を周波数といい，単位をヘルツ［Hz］で表す。また，1個の波が伝わる時間を周期といい，単位を秒［s］で表す。振幅が大きいほど大きな音になり，周波数が高いほど高い音になる。

問 25

正解 ③

解説　アナログな音の波形を標本化（サンプリング）・量子化・符号化することで，音のデジタル化が実現できる。このように音の波形を符号化して記録する方式を PCM 方式という。

問 26

正解　②

解説　⓪標本化周期が短いほど，もとのアナログ波形に近くなる。①標本化周期とは，標本化の時間間隔であり，サンプリング周波数の高さに合わせて周期は変化する。②段階値を区切る間隔が短いほど，もとのアナログ波形に近くなる。③記録されるデータ量が大きくなる。

問 27

正解　③

解説　量子化ビット数が大きくなるほど，波の高さをより細かく表現できるため，元のアナログ波形に近くなり，データ量が大きくなる。また標本化周波数が高くなるほど，より細かい時間間隔で区切ることになるため，元のアナログの波形に近くなり，データ量が大きくなる。ビットレートの値が小さければ音質は下がるが，データ量は小さくなる。

問 28

正解　①

解説　⓪Apple Lossless（Apple Lossless Audio Codec）は，Apple が開発した可逆圧縮を使用して音声データを圧縮する形式である。①AAC（Advanced Audio Coding）は，動画圧縮規格 MPEG-2，MPEG-4 で使用される，非可逆圧縮を使用して音声データを圧縮する形式である。②MIDI（Musical Instrument Digital Interface）は，音色の種類や音の高さ，長さ，大きさ，テンポなどの演奏情報を楽譜のようにデータ化する規格である。③FLAC（Free Lossless Audio Codec）は，可逆圧縮を使用して音声データを圧縮する形式である。

問 29

正解　⓪

解説　①ディスプレイでは，R（レッド），G（グリーン），B（ブルー）3色を組み合わせて色を表現している。CMY はプリンタで印刷する際に用いる色である。②「水平方向の画素数×垂直方向の画素数」で表す。③各色の濃淡が変化する段階数を階調といい，階調が大きいほど多くの色を表現できる。

問 30

正解 ②

解説　ディスプレイの解像度は，ディスプレイに表示される総画素数を意味する。ディスプレイの大きさが同じであっても，解像度が高いほど滑らかに表現可能であり，もとの形に近い画像になる。一方で，解像度が同じであればディスプレイが大きくなるほど画像は粗く表現される。解像度はディスプレイの性能に依存するので，ディスプレイを大きくしたからといって，解像度は自動的に高くなるわけではない。

問 31

正解 ③

解説　画素数は $1{,}024 \times 768 = 786{,}432$ ピクセルである。各色の表現に必要なデータ量は $256 = 2^8 = 8\,\mathrm{bit}$ であり，RGB の表現に必要なデータ量は $8 \times 3 = 24\,\mathrm{bit} = 3\,\mathrm{B}$ である。よって，データ量は $786{,}432 \times 3 = 2{,}359{,}296\,\mathrm{B} = 2{,}304\,\mathrm{KB} = 2.25\,\mathrm{MB}$ である。

問 32

正解 ③

解説　⓪ペイント系ソフトウェアでは，画像を拡大するとジャギーが生じる。①ドロー系ソフトウェアでは，ベクタ形式の画像を扱う。ペイント系ソフトウェアでは，ラスタ形式の画像を扱う。②ドロー系ソフトウェアで扱う画像形式（ベクタ形式）の説明である。

問 33

正解 ①

解説　⓪GIF は可逆圧縮のファイル形式である。②JPEG の説明である。③BMP の説明である。

問 34

正解 ③

解説　デジタル画像の色深度は，ピクセルごとに使用されるビット数で表される。色深度が高いほど，画像の色の表現範囲が広くなる。

問 35

正解　①・②

解説　⓪映像として動いているように見えるのは，人間の視覚特性によって起こる残像現象によるものである。③動画のデータ量は大きいため，放送やインターネットなどでは圧縮技術を活用して送信している。

問 36

正解　③

解説　動画のフレームレートは，1秒間に表示される静止画の数を表す。一般的には，fps（frames per second）単位で表される。

問 37

正解　②

解説　WMA（Windows Media Audio）は，主に非可逆圧縮を使用して音声データを圧縮するコーデックやファイル形式の名称である。

問 38

正解　⓪

解説　AVIやMP4，MOVなどの動画ファイル形式によって，対応するビデオコーデックが異なる。例えば，AVIでは，H.264，MPEG-4，DivXなどの対応ビデオコーデックが使用できる。

2　コンピュータの仕組み

問39

正解　③

解説　⓪マルチコアプロセッサは処理能力の向上を図る仕組みである。①デュアルコア
は2つのコア，クアッドコアは4つのコアを搭載しているものであるが，単純に処理能
力が2倍になることはなく，実際は1.5倍程度が限界といわれている。②クロック周
波数を一時的に高くするのはオーバークロックという技術である。

問40

正解　②

解説　⓪64ビットCPUの方が一度に処理できるデータサイズが大きい。①キャッシュ
メモリの容量が大きいほど処理能力が向上する。③クロック周波数を表す単位はHz
である。

問41

正解　③

解説　SSD（Solid State Drive）は記憶媒体としてフラッシュメモリーを使用している。
SSDはHDD（Hard Disk Drive）と異なりモーターやヘッドのような機械的な可動部
品がないため，消費電力が低く，軽量で，高速である。CDやDVDなどの光ディスク
は単独では記憶装置として用いることができず，記録された情報を読み取るためのレー
ザー発生部位があるドライブが別途必要となる。HDDは磁性体を塗布した円盤を高速
回転するためのモーターなどが必要である。

問42

正解　①

解説　Lightning，HDMI，USBは無線ではなく有線である。

問 43

正解 ①

解説 ⓪および②は入力装置，③は記憶装置である。なお，入力装置，出力装置，記憶装置，演算装置，制御装置の5つをあわせて五大装置という。

問 44

正解 ①

解説 ⓪は，CPU などの処理装置の性能差を埋めるために用いる高速小容量メモリのことである。②は，次に実行すべき命令が入っているアドレス（メモリ上の番地）を記憶しておくものである。③はビット列の誤りを検出するために元のビット列に付加される数字のことであり，バーコード等で利用されている。

問 45

正解 ②

解説 $2.5\,\mathrm{GHz} = 2.5 \times 10^9 \mathrm{Hz}$ である。クロック周期はクロック周波数の逆数をとるので，

$$\frac{1}{2.5 \times 10^9} = 0.4 \times 10^{-9}\ 秒$$

であるから，0.4 ナノ秒となる。

問 46

正解 ①

解説 クロック周期×クロック数で求めることができる。

$$\frac{1}{2.3 \times 10^9} \times (4+10+14+12+6) = 20 \times 10^{-9}\ 秒$$

よって，20 ナノ秒である。

問 47

正解 ③

解説 左のパネルは【11110110011010001】，右のパネルは【01011010010111010】というビット列であらわされる。これを AND 回路に入力すると，出力は【01010100010011000】となるため，③が解答となる。

第3章

問 48

正解　③

解説　真理値表をまとめると，次のようになる。

入力		出力①	出力①	出力②	出力③
A	B	L	L	L	L
0	0	0	0	0	1
0	1	1	0	0	1
1	0	1	0	0	1
1	1	0	0	1	0

　　(A，B) = (0，0)のとき L=1 となるのは③のみである。

3　計算誤差

問 49

正解　②

解説　$0.125 = \underline{0} \times 2^{-1} + \underline{0} \times 2^{-2} + \underline{1} \times 2^{-3}$ である。よって，0.001 が答となる。

問 50

⑴

正解　③

解説　$0.2 = \underline{0} \times 2^{-1} + \underline{0} \times 2^{-2} + \underline{1} \times 2^{-3} + \underline{1} \times 2^{-4} + \cdots$ である。よって，小数点以下 4 桁までであらわすと 0.0011 となる。

⑵

正解　①

解説　2 進法の 0.0011 を 10 進法に変換すると $\underline{0} \times 2^{-1} + \underline{0} \times 2^{-2} + \underline{1} \times 2^{-3} + \underline{1} \times 2^{-4} = 0.1875$ となる。よって，元の値との丸め誤差は 0.2 − 0.1875 = 0.0125 である。

問 51

正解　②

解説　それぞれの数を 2 進法で表現すると，①は 0.01，①は 0.111，③は 0.1 と表すことができるため，誤差は発生しないが，②については 0.0100110011…と無限小数になってしまうため，正確に変換することはできない。よって，変換の際には一定の桁数で丸め処理を行う必要がある。

4 アルゴリズムとプログラミング

問 52

正解 ②

解説 ⓪はプログラム，①はインタプリタ，③はフローチャートやアクティビティ図などアルゴリズムを視覚的に表現する図の説明である。

問 53

正解 ③

解説 ⓪については a = 0 の場合の出力である「a は 0 です。」が抜けてしまうため不適である。①については a>4 の判断分岐のあと，必ず a = 0 となってしまうため，無限に「a は 0 です。」を出力し続けてしまうので不適である。②については「a は 5 です。」を表示することができないので不適である。

問 54

正解 ①

解説 このプログラムは，入力された数が奇数か偶数かを判定し，その結果を出力するプログラムである。修正前のプログラムでは，判定結果が正しい結果と逆になってしまう。修正の方法として，行 C と行 D を逆にすることでも正しくプログラムを動作させることはできるが，1 行だけを修正するという条件がある。そのため，判断分岐の条件式である「b == 0」（a を 2 で割った余りは 0 であるかどうか）を修正し，「b != 0」（a を 2 で割った余りは 0 でないかどうか），または「b == 1」（b を 2 で割った余りが 1 であるかどうか）とすればよい。

問 55

正解 ③

解説 このプログラムでは，入力された数が 0 以上であればそのまま表示し，そうでなければ入力された数を-1 倍する。つまり，このプログラムは入力された数の絶対値を求めるプログラムである。よって，負の数が表示される可能性はない。

問 56

正解　③

解説　問題のプログラムは，入力 a，b，c について，$ax^2 + bx + c = 0$ が 2 次方程式か否かを **(04)** 行目で判別している。さらに，2 次方程式の解の判別式 d を定義し，実数解をもつときはその値を表示するものである。⓪については 2 つの解が存在する入力のため不適，①については『2 次方程式になりません』と表示される入力のため不適，②については『2 次方程式の解はありません』と表示される入力のため不適である。

問 57　今回のプログラムで扱っている数列はフィボナッチ数列と呼ばれるものである。

(1)

正解　⓪

解説　数列の第 15 項までを表示するため，**(03)** 行目での表示処理に加え，**(04)** 行目からの繰り返し処理の中で 14 回の表示処理をしなければならない。それぞれの繰り返し処理の中では表示処理は 1 回のみ行われるため，繰り返し処理は 14 回行えばよい。

(2)

正解　③

解説　⓪については **F0** および **F1** に 1 を足し続けるだけの処理となり，今回行いたい処理とは全く異なる処理である。①は常に **F0 = F2 = 1** となり続け，また②は常に **F1 = F0 = 0** となり続けるため，不適である。

問 58

(1)

正解　③

解説　条件が真のときじゃんけんの結果が『あいこ』となるため，入力された値と乱数によって生成された値が等しい場合を考えればよい。よって，③が適切である。

(2)

正解　⓪

解説　**(11)** 行目より，**user == 0** つまり「あなた」はグーを出しているため，乱数によって生成された値（**com**）が 1，つまりチョキのときには「あなた」の勝ちとなる。また，乱数によって生成された値が 2，つまりパーのときには「あなた」の負けとなる。よって，⓪が適切である。

問 59　バブルソート（交換法）によるデータの並べ替え（整列）の問題である。バブル
　　ソートは隣り合うデータの大小関係を比較し，昇順または降順にデータを並べ替えて
　　いく方法である。

(1)

正解　⓪

解説　(05)行目の「a[j] < a[j + 1]」という条件が真のときにデータの入れ替え操作
　　を行い，入れ替え後は「a[j] > a[j + 1]」となる。その整列後の配列は，大きい数
　　値から順番に並んでいくことになる。

(2)

正解　①

解説　(1)と大小関係の比較に用いる不等号の向きを逆にしているため，(1)の結果と逆の順
　　番にデータが並ぶ。よって①が適当である。

問 60

正解　①

解説　②は対象となる配列のそれぞれのデータから一定の手順で算出したハッシュ値を，
　　データ本体の代わりに比較に用いる方式のことである。対象とする配列の要素数が多い
　　場合に処理を高速化することができる。③は②の方法により求めたハッシュ値に重複
　　が出た場合に用いる方法である。

問 61

正解　⓪

解説　①～③について，問 60 にて解説済である。

問 62

正解 **⓪**

解説　線形探索は**問 60** にあるとおり，配列の端から順に検索し目的の値を探し出すアルゴリズムである。よって，1回目の探索で目的の値を見つける場合もあれば，2回・3回と何回も探索する必要がある場合もある。

　　データがn個の場合，線形探索では必要なデータを見つけることができるまでの最小探索回数が1回，最大探索回数は n 回である。何回目で探索が終わる確率も $\frac{1}{n}$ で同様に確からしい。よって，平均探索回数は $\frac{n+1}{2}$ 回である。今回は9個のデータにおいて探索を行うので，平均探索回数は $\frac{9+1}{2}=5$ 回である。

問 63

正解 **②**

解説　n 個のデータに対して二分探索を行うことを考える。$n=2^x$ と表される場合，探索回数が最大になるのは，最後に探索データを見つけることができたときである。このとき，探索するたびに探索範囲となる配列のデータ数は 2^x, 2^{x-1}, 2^{x-2}, …, 2^1, 2^0 と減少していく。よって，最大探索回数は $(x+1)$ 回と表すことができる。また，$x=\log_2 n$ であるから最大探索回数は $(\log_2 n+1)$ 回となる。すなわち，16個のデータに対して二分探索を行う場合，$\log_2 16+1=4+1=5$ 回が最大探索回数である。なお，n が2の自然数乗であらわせないときは最大探索回数は $[\log_2 n]+1$ 回である。（ただし，$[\log_2 n]$ は $\log_2 n$ を超えない最大の整数である。）

5　モデル化とシミュレーション

問 64

正解 **①**

解説　**⓪**は変動する要素がなく，結果が必ず1つに定まるモデルのことであり，確率的モデルの逆を表す言葉である。**②**は時間の経過がモデルの挙動に影響を与えないモデルのことであり，動的モデルの逆を表す言葉である。**③**は，例えばモデルルームやミニカーなど実物を模したモデルのことである。

問65

正解 ②

解説　例年よりも気温が低くなる確率が50%であるため，10日のうち5日は例年よりも気温が低くなると考えられる。このとき，A社では何も対策をしない場合に1日あたり100万円の損失が5日間出てしまうため合計500万円の損失となる。しかし，利用の必要がない日も含め冷凍庫利用料の40万円を10日間毎日支払い続けた場合，合計で400万円の支出となり，何も対策をしない場合の損失額よりも100万円のコストを抑えることができる。よって，A社では製品保存のための冷凍庫を用意したほうがよいといえる。B社についても同様に考えると，何も対策をしない場合には10日で200万円の損失が見込まれ，対策として冷凍庫利用料を支払う場合は300万円の支出が見込まれるため，何も対策をしない方が100万円のコストを抑えることができる。よって，② が適当な解答である。

問66

正解 ③

解説　表から第1走者は毎秒8mで走り，第2走者は2秒目までは加速しながら走っており，2秒目以降は毎秒8mで走っていることが分かる。第1走者と第2走者の加速後の速さは同じであるから，第2走者が加速しきった後にバトンパスを行うのがよい。よって，第2走者が加速しきった後である，第2走者が走り出してから2秒後にバトンパスが行われると，タイムロスが最も少なく効率が良い。第2走者が走り出して2秒後には9m進んでおり，第1走者はその間も毎秒8mで走っているため，16m進むことになる。よって，第2走者が走り出す位置から16−9＝7m手前に第1走者が来たときに第2走者が走り出すのが，最も効率が良い。

第4章 | 情報通信ネットワークとデータの活用

1　情報通信ネットワークの仕組みと役割

問1

正解　②

解説　コンピュータをインターネットに接続するには，まずコンピュータを LAN に接続する必要がある。無線接続であれば無線アクセスポイントに接続するが，有線接続では LAN ケーブルを使用し，コンピュータとハブやルータを接続することで，コンピュータと LAN が接続される。LAN から先の WAN へは，回線事業者の回線を通り，プロバイダを経由してインターネットに接続する。

問2

正解　②

解説

⓪　<u>LAN を構成するためには，ルータという機器が必要</u>が誤り。あまり実用的ではないネットワーク構成であるが，LAN に接続する機器が1台しかなく，その機器が有線接続可能なものであれば，LAN ポートと機器を直接接続すればよい。

①　ピアツーピアシステムとクライアントサーバシステムの説明が逆である。ピアツーピア（Peer-to-Peer，P2P）の peer の原義は「互いに同格な人」である。

②　プロキシ（プロクシ，proxy）サーバの proxy の原義は「代理人」である。

③　<u>パスワードのことを SSID という</u>が誤り。パスワードの設定がなされている一般的な無線 LAN に接続するには，接続するアクセスポイントの名称（ID）である SSID と，その SSID に対応するパスワードの組が必要である。

問3

正解　①

解説　WAN（Wide Area Network）は LAN（Local Area Network）より広域のネットワークで，LAN 同士をつなぐネットワークである。代表的な WAN の例がインターネットであり，LAN の例はイントラネットや家庭内のネットワークである。

問 4

正解　①

解説

⓪　プロバイダの説明。

②　ONU（Optical Network Unit, 光回線終端装置）の説明。

③　ルータの説明。

問 5

正解　②

解説

⓪　ルータの画像。

①　ルータまたはアクセスポイントの画像。

③　遠隔会議用スピーカーの画像。

問 6

正解　②

解説

⓪　Wi-Fi は，国際規格である IEEE 802.11 に準拠している無線 LAN のことである。企業か家庭かという区別があるわけではない。

①　Wi-Fi はネットワークの規格であり，ネットワークの管理・運用に関する規格ではない。

③　Lo-Fi，Hi-Fi は音楽の音質やジャンルに関する用語であり，ネットワークとは関係がない。なお，可視光を用いて通信を行う Li-Fi という規格も存在する。

問 7

正解　⑤

解説　 A には「複数の端末」があるので，ネットワークである「無線LAN」が入る。 B は，無線 LAN に「接続するための SSID を提供」する機器なので，「アクセスポイント」が入る。 C は無線 LAN 上の端末に IP アドレスを割り当てる機器なので，DHCP サーバの機能をもつ「ルータ」が入る。

問8

正解 ①

解説

⓪ HTTP は Hypertext Transfer Protocol であり，Web 上のページやファイルを伝送するためのプロトコルである。

① IoT（Internet of Things，モノのインターネット）は，PC やスマートフォンだけでなく，各種のスマートデバイスやセンサーがネットワークに接続する考え方のことである。

② Society 5.0 は内閣府の用語で，「サイバー空間（仮想空間）とフィジカル空間（現実空間）を高度に融合させたシステムにより，経済発展と社会的課題の解決を両立する，人間中心の社会」である。

③ ONU は電波と信号を相互に変換して，光ケーブルを通じた交換局との信号の送受信を行う装置である（**問4**の解説参照）。

問9

正解 ⓪

解説

⓪ 「無線通信」を「ごく狭い範囲」で行うためのプロトコルであるので，Bluetooth が正しい。スマートフォンとワイヤレスイヤホン，PC と無線式マウスなどの接続を行っていれば，使い慣れているはずである。

① GPS は地球規模で位置情報の取得を行うためのシステムであり，「ごく狭い範囲」で通信するプロトコルではない。

② IEEE 754 は浮動小数点表記に関する規格であり，通信規格ではない。IEEE が策定した通信規格には，無線 LAN の規格である IEEE 802.11 などがある。

③ ADSL はアナログ回線をネットワーク通信に用いる方式の一つであり，「ごく狭い範囲」で通信するプロトコルではない。ADSL はかつて日本でも普及していたが，光ファイバーをネットワーク通信に用いる FTTH の普及に伴い，2024 年春にはサービスが終了される予定である。

問10

正解 ④

解説 「5 G」は第 5 世代移動通信システムのことで，「G」は「Generation（世代）」の頭文字である。5 G 通信の通信は 3.5 GHz 帯，4.5 GHz 帯，28 GHz 帯で行われ，通信速度は数 Gbps に達する。

問 11

正解　③

解説　キャリア回線での通信で「ギガが減る」のは，あくまでキャリアで契約している通信プランに月当たりの通信容量があり，データ通信を行うことで通信容量に近づくからである。キャリア回線での通信でも Wi-Fi での通信でも，通信を行う以上，パケットの形でデータのやりとりがなされており，データ量もゼロではない。

問 12

正解　③

解説

⓪　末尾が「`.go.jp`」となるドメインは政府専用であり，一般企業が取得することはできないため誤り。なお，河合出版の公式サイトは「`https://www.kawai-publishing.jp`」である。

①　「`https`」で始まる URL では暗号化通信が使用されるため誤り。

②　この URL のサブドメインは「`publish`」であるため誤り。

③　「`.go.jp`」の「`go`」は government（政府），「`jp`」は日本を表すから，「`.go.jp`」は日本政府に関係する Web サイトに用いられるドメインである。

問 13

正解 ④

解説

⓪ さくらさんのメールアドレスは「**sakura@abccompany.co.jp**」であり，「**sakura@abccompany.jp**」では「**.co**」が抜けている。そのため，別のアドレスにメールが送られてしまい，さくらさんに届くことはない。

① 電子メールでは，「**+**」記号を使っても複数の宛先に送る機能はない。複数のメールアドレスにメールを送る場合は，To・CC・BCC のいずれかにメールアドレスを書き並べる必要がある。

なお，一部のメールサービスでは「**+**」記号を使ったエイリアス機能が実装されており，「**sakura@abccompany.co.jp**」に「**sakura+kaede@abccompany.co.jp**」のような「エイリアス（別名）」を設定することができる。別名を設定していても，メールは元のアドレスに届くが，場面によりメールアドレスを使い分けたい場合や，フィルターと組み合わせて使いたい場合などに有用である。

② 電子メールでは，「**@**」以降の部分を書くことに特別な意味はなく，このような形でメールを送ることはできない。

③ 電子メールでは，「**-**」記号には特別な意味はない。

問 14

正解　2.67（Gbps）

解説　通信速度の単位には，1秒で何ビットを転送できるかを表す bps（bits per second）が使われることが多く，転送したデータ量をビット単位で表し，転送に要した時間で割ることで求められる。

$$通信速度（bps）= \frac{転送したデータ量（ビット）}{転送に要した時間（秒）}$$

3 GB の「G（ギガ）」は（G が 10^9 か 2^{30} かという議論はあるものの）「GB」と「Gbps」では同じであり，1 B ＝ 8 ビットなので，3 GB の単位をビットに変換すると 3 GB×8 ＝ 24 G ビットである。このデータ量を9秒で転送できたので，$\frac{24\,G ビット}{9\,秒} = \frac{8}{3} = 2.666\cdots \fallingdotseq 2.67$ Gbps となる。

問 15

正解　1.6（秒）

解説　前問の式を変形すると次の式になり，転送に要した時間は，転送したデータ量を通信速度で割ることで求められる。

$$転送に要した時間（秒）= \frac{転送したデータ量（ビット）}{通信速度（bps）}$$

通信速度が Gbps 単位で与えられているので，200 MB をギガビット単位で表すと $\frac{200 \times 8}{1000}$ = 1.6 G ビットとなり，$\frac{1.6 \text{ G ビット}}{1 \text{ Gbps}}$ = 1.6（秒）となる。

第 4 章

2　通信プロトコルとデータ通信

問 16

正解　①

解説

⓪　上位の階層でデータを補ってが誤り。トランスポート層のプロトコルである TCP のように，下位の階層でデータの欠落が生じたことを検知して訂正するプロトコルは存在するが，訂正不可能な場合はパケットの再送を要求するため，上位の階層のみでデータを補うことはできない。

①　設計を階層化することでカプセル化が実現され，下位のプロトコルが上位のプロトコルとどのようなデータをやりとりするかを踏まえていれば，下位のプロトコルが具体的にどのように実装されているかを把握していなくても，上位のプロトコルを実装することができる。

②　上位の階層で問題を修正が誤り。下位の階層に存在する脆弱性によっては，上位の階層で問題の回避策をとれる場合もあるが，問題の修正は当該の階層でしかできない。

③　上位の階層では高速な通信を行うことができるが誤り。下位の階層が低速になっている場合，上位の階層でも同様の速度でしか通信できない。

問 17

正解　③

解説　IP の正式名称は「Internet Protocol」であるので，インターネット層のプロトコルであることは明らかである。なお，TCP の正式名称は「Transmission Control Protocol」であり，「T」は「Transport」ではない。

問 18

正解　⓪

解説　送信側の通信手順であるので，TCP/IP の上位の階層から下位の階層へ順に並んでいるものが正解である。直感的には，利用者から見て最も身近な階層であるアプリケーション層から，最も物理的な階層であるネットワークインタフェース層へ向かう流れをイメージすればよい。

問 19

正解　①

解説

⓪　IP はインターネット層のプロトコルであるので，ケーブルの端子部分の強度については規定していない。ケーブルの素材や端子，性能などについては，ネットワークインタフェース層のプロトコルである Ethernet で規定されている。

①　IPv4 では 32 ビットの IP アドレスを使用するため，理論上，割り当てられる IP アドレスの数は 2^{32} 個である。2^{32} は十分に大きい数のように思えるが，世界中の端末がネットワークに接続されるようになったことに加え，スマートフォンや IoT の普及により多数の機器がネットワークに接続されるようになったため，IP アドレスが枯渇するようになった。IPv6 では 128 ビットの IP アドレスを使用するので，2^{128} 個の IP アドレスを割り当てることが可能である。

②　IPv4 のパケットにはパケットの誤りを検出するためのチェックサムが含まれているが，このチェックサムは誤り訂正には使用できない。IPv4 では，パケットがルータを経由するたびにパケットが書き換わり，このチェックサムを再計算する必要があったことで，速度低下の要因となっていた。そのため IPv6 のパケットではチェックサムがなくなり，IP の側では誤り検出を行わないようになった。IPv6 を使う場合でも，パケットの誤り検出はトランスポート層の TCP や UDP で行われるため，誤り検出自体がなされなくなったわけではない。

③　IP では，パケットを暗号化する方法として IPsec があり，IPv4 でも IPv6 でも使用可能である。IPsec で使われる暗号化アルゴリズムは仕様で規定されているが，IPv4 から IPv6 への移行とは無関係である。

問 20

正解　③

解説　IPv4 では 32 ビットの IP アドレスを割り当てることが可能であり，「192.168.0.1」のように，8 ビットずつピリオドで区切った 10 進法で表される。そのため，割り当て可能なアドレスの数は，理論上，$(2^8)^4 = 256^4$ 個である。

第4章

問 21

正解　⓪

解説　ルータ3から見て，それぞれのPCにパケットを転送するために，次にどの方向にパケットを転送すればよいかを考えればよい。**ルータ3**から見ると，**PC1**の方向にパケットを送るには，**ルータ2**にパケットを転送する必要がある。また，**ルータ3**から見ると，**PC3**の方向にパケットを送るにも，**ルータ2**にパケットを転送する必要がある。

問 22

正解　①

解説

⓪　NAT（Network Address Translation）の説明。

①　DHCP（Dynamic Host Configuration Protocol）は，LAN内の端末にIPアドレスを割り当てることで，WAN側から来たパケットを正しく転送できるようにするプロトコルである。

②　DNS（Domain Name System）の説明。

③　認証の説明。

問 23

正解　③

解説

⓪　<u>UDPはインターネット層のプロトコル</u>が誤り。UDPもTCPと同様にトランスポート層のプロトコルである。

①　<u>UDPには誤り検出の機能がない</u>が誤り。TCPより簡易ではあるが，UDPにもチェックサムがあり，誤り検出機能がある。また，TCPとUDPは同じ層のプロトコルなので，「組み合わせて使う」ことはない。

②　<u>TCPを使うことは推奨されていない</u>が誤り。TCPはUDPに比べるとパケットが大きくなるため，通信速度自体は遅くなるが，その分，パケットに対する高度な制御機能が定義されている。そのため，現在でもUDPよりTCPが使われる場面は多い。

③　TCPはHTTPやメールなど多くの場面で使用される一方，UDPは音声通話やWeb会議など，特に高速な通信を求める場面で使用されている。なお，最新のHTTPであるHTTP/3ではUDPが使用されており，今後はUDPが広く使われるようになると考えられる。

3　情報セキュリティ

問24

正解　⓪・②

解説

⓪　初期パスワードは，発行から利用者に伝達されるまでの間に，どういう経路を通り誰に閲覧されたか分からないものであるため，割り当て後に速やかに変更する必要がある。

①　誕生日やメールアドレスは，その利用者の周囲の人物にはよく知られている情報であり，周囲の人物にパスワードを推測されやすくなるため，これらをパスワードにすることは避ける。

②　異なる文字種を組み合わせることで，パスワードとなりうる文字列の場合の数が多くなるため，総当たり攻撃への対策となる。

③　いつでも見ることができる手帳は，持ち運ぶ機会が多いため，紛失するリスクが大きい。

問25

正解　②

解説　0から9までの数字は10種類，aからzまでの小文字の英字は26種類あるので，パスワードに利用可能な文字は10+26=36種類である。パスワードの長さが6文字であれば，1文字目には36通り，2文字目には36通り，というように，それぞれの文字について36通りの場合の数がある（重複順列である）ので，使用できるパスワードの場合の数は36^6通りである。

問26

正解　⓪

解説　パスワードに使用可能な文字の種類の数をx，縦軸に使用できるパスワードの場合の数をyとする。パスワードの長さが4文字であれば，$y=x^4$となるので，xが大きくなるとyは急激に増加することが分かる。そのような条件を満たすのは⓪のみである。

問 27

正解　45（個）

解説　10 人から 2 人を選ぶ組合せの場合の数だけパスワードが必要であるので，$\frac{10 \times 9}{2 \times 1} = 45$（個）。

問 28

正解　10（個）

解説　10 名がそれぞれ公開鍵と秘密鍵を 1 組ずつ作成すればよいので，必要な秘密鍵は 10（個）。

問 29

正解　②

解説　　A　は，送信者と受信者で鍵を共有しておく必要がある暗号化方式なので，「共通鍵」が入る。　B　は，　A　の共通鍵暗号と対比される暗号化方式であり，　B　は「世界中の人々と共有しても問題ない」ことから，　B　には「公開鍵」が入る。公開鍵暗号では，受信者が作成した公開鍵と秘密鍵の組を用いて暗号化を行うが，秘密鍵が漏洩すると，他者が漏洩した秘密鍵で暗号文を解読できるようになってしまう。そのため，秘密鍵は公開してはならず，受信者が保管しておく必要がある。これらから，　C　には「受信者」，　D　には「秘密鍵」が入る。なお，共通鍵暗号における共通鍵は公開せず秘密にしておかなければならないので，共通鍵暗号をまれに「秘密鍵暗号」と呼ぶことがある。だが本問では，　A　が「秘密鍵」となる選択肢はいずれも他の空欄に誤りがあるので，　A　は「共通鍵」に定まる。「秘密鍵暗号」という名称はきわめてまれにしか使用しないため，「共通鍵暗号」という名称で理解しておくとよい。

問 30

正解　①

解説　URL（Universal Resource Locator）は，インターネットにおけるファイルなどのリソースを指し示すために使用される文字列である。特定の Web サービスにおける ID などに誤り検出符号が使用されており，その ID が URL の一部分に含まれる可能性はあるが，URL の仕様自体には，誤り検出符号は使用されていない。誤り検出符号は，商品などのバーコードや，書籍に印字された ISBN のバーコード，二次元コードなど，ノイズや手ブレなどにより正確な読み取りができない可能性がある場合に用いられることが多い。

問 31

正解　0

解説　「1011011」というデータには「1」が5個含まれており，奇数である。奇数パリティの場合，「1」が奇数個であればパリティビットは「0」となるので，パリティビットとして「0」が付加される。

問 32

正解　②

解説

⓪　$2+2+0+3+1=8$ であり，8 を 10 で割った余りは 8 で，末尾の桁の数字と一致している。

①　$2+1+2+5+8=18$ であり，18 を 10 で割った余りは 8 で，末尾の桁の数字と一致している。

②　$2+2+1+9+2=16$ であり，16 を 10 で割った余りは 6 であるが，末尾の桁が 5 となっており，誤りがあると分かる。

③　$2+3+0+6+1=12$ であり，12 を 10 で割った余りは 2 で，末尾の桁の数字と一致している。

第4章

問 33

正解　③

解説　この暗号における「鍵」は，文字列を何文字ずらしているかという数であるが，本問では鍵が分からない。暗号を解読するには鍵を推測する必要があるので，まずはいずれかの例について，1文字から5文字分の復号（ずらしたと想定される文字数分だけもとに戻す）を試してみる。⓪の「ぽるいし」を1文字戻すと「べりあさ」となるが，意味のない文字列であるため，鍵は1ではない可能性が高い。2文字戻す際に，「い」をどうするかに困るところであるが，問題文中の例示で「がくねん」の「ん」を「う」にずらしていることから，「い」を2文字戻すと「ん」になることが分かる。そうすると，「ぽるいし」を2文字戻した場合は「ぶらんこ」となり，意味がある文字列となる。3文字以上戻す場合には，「ぽるいし」の「い」をどうするか（「ん」の前の文字は何か）という問題があるが，一旦は，意味のある文字列が出てきた2を鍵とみなして，他の選択肢を吟味するとよい。2文字戻すと，①の「すいそお」は「さんすう」，②の「たいたえ」は「せんせい」になり，いずれも意味のある文字列になるため，鍵は2で確定してよいと考えられる。ここで，③の「ちううけ」を2文字戻すと「そああき」となり，意味のある文字列にならないため，これが正解だと考えられる。念のため，他の文字数分だけずらしてみると，「ちううけ」を1文字戻すと「たいいく」になることが分かる。以上より，⓪～②では鍵が2，③では鍵が1であることが分かるので，正解が③だと分かる。

問 34

正解　③

解説

⓪　ブロックチェーンの説明。

①　DRM（Digital Rights Management，デジタル著作権管理）の説明。

②　誤り検出符号の説明。

③　VPN（Virtual Private Network）は，外出先や家庭などの組織の外部から，インターネットなどの WAN を経由して，仮想的（virtual）に組織内（private）の LAN に接続するための技術である。

問35

正解　③

解説　VPN は，セキュリティや権利制限など何らかの理由により，通常の WAN を使うのが難しい場合に用いる技術である。VPN を使った通信を行うことで，WAN における盗聴などのリスクを減らすことができる。

⓪　大学などの研究機関では，学校や学部の単位で電子版の論文誌（電子ジャーナル）に対する購読契約を結んでおり，そのような論文誌に収録された論文については，学生も読むことができる。電子版の論文誌では，正当な購読権のある利用者のみが閲覧できるよう，大学の学内 LAN からのアクセスのみを許可していることが多いため，学外からアクセスする際には，VPN を使う必要があることが多い。

①　一部の国では，WAN 上の通信を政府機関が監視しており，政府にとって「都合の悪い」通信を遮断したり，そのような通信を行った国民を訴追したりしている。このような検閲から逃れたり，誤った遮断を避けたりするため，VPN が使われることがある。

②　社内 LAN のサーバにあるファイルは，無条件に WAN 経由でアクセスできると危険であるため，VPN を介した接続のみを許可している場合がある。

③　「受験生」は，一般的には組織の外部にいる人間であるため，VPN を使用して大学の内部にある LAN へのアクセスを許可する可能性は考えづらい。合格番号一覧は，パスワード制限などをかけている場合はあるが，通常の Web（HTTP 通信）で閲覧可能であることが多い。

第4章

4 データの蓄積・管理・提供

問 36

正解 ③

解説

⓪ XML（Extensible Markup Language）は厳密にいえば「半構造化データ」を扱うためのファイル形式であるので△と考えたほうがよいが，広義には構造化データを扱うと考えて問題ないので，他の選択肢を吟味した上で判断するとよい。

① CSV（Comma Separated Values）は半角カンマ「,」(comma)で区切った（separated）値（value）を並べる形式で，表形式の構造化データを扱うためのファイル形式である。

② XLSX は，Microsoft が主導して策定された Office Open XML で規定されたファイル形式の一つで，Microsoft Excel などの表計算ソフトで使われる，表形式のデータを格納するためのファイル形式である。

③ JPEG は写真に使われることが多い画像ファイルの形式であり，明らかに構造化データを扱う形式ではない。たとえ他の選択肢のファイル形式を知らなかったとしても，一般的なファイル形式についての知識があれば，③は適切でないと分かるはずである。

問 37

正解　①

解説　本問の構造化データはカンマで区切られたデータであり，CSV 形式であることが分かる。カンマを表形式にすると次のようになり，3 列目に日付のデータがあることが分かる。日付といっても Web サービスにおけるユーザー登録日や，図書館における最新の貸出日など様々なものが考えられるが，選択肢のうち，日付にあたるものは①しかないので，①が正解である。なお，6 列目の数値データが年齢であると考えると 3 列目の生年月日と一致しないが，6 列目はユーザの ID など，年齢以外の数値データの可能性もある。同様に，都道府県のデータがある 5 列目と郵便番号のような記載がある 7 列目も対応していないが，都道府県のデータは出身地などである可能性もある。また，CSV では，1 行目に各列のラベルをカンマ区切りで表記することも多いが，本問のようにデータのみが記されることもある。

alice	alice@decome.ne.jp	2002-10-22	F	京都府	51	551-0123
bob	bob@saftbank.org	2010-05-15	M	京都府	22	655-3245
carol	carol@egweb.co.jp	1999-07-17	F	京都府	43	254-2356
eve	eve@rokuten.com	2015-07-25	F	大阪府	90	902-2758

問 38

正解　②

解説

⓪　バックアップの際に過去のバックアップを消去したり，端末の動作が遅くなったりする場合には何らかの問題が生じる可能性はあるが，通常のバックアップ行為自体は，個人で行っても問題ない。ただし，バックアップしたデータに個人情報や機密情報が含まれる場合には，データの取り扱いに注意を要する。

①　確かにバックアップを作成すると漏洩元となるデータが増えることになるが，重要なデータこそバックアップしておく必要があるため，適切でない。

②　特に重要なデータのバックアップについては，「気が向いたとき」に行うのではなく，明確に実施時期を定めるなど，計画的に実施するとよい。

③　一個人の「思い出」や職人芸などであれば「目に焼き付け」ることも考えられるが，一般的には，データ消失のリスクを避けるため，機械的な手段でバックアップを実施することが推奨される。

問 39

正解 25

解説 ケーブル b とケーブル a の転送速度の比を求めればよい。ケーブル b は単位が Gbps なので，単位を Mbps に揃えると，12 Gbps=12000 Mbps である。したがって，$\dfrac{480\,\text{Mbps}}{12000\,\text{Mbps}}=\dfrac{1}{25}$ となる。

問 40

正解 ①

解説

⓪ いつでも誰でもダウンロードできるように設定が誤り。個人情報の取り扱いは，個人情報保護法に則って注意深く行う必要がある。クラウドに保管すること自体は多くの Web サービスや組織で実施されており問題はないが，クラウドのセキュリティを担保しておく必要がある。

① 磁気テープは現代でも，大規模データを記録する媒体としては比較的安価であり，巨大な Web サービスに関するデータをバックアップするために活用されている。

② 一定の日差しと湿気がある場所に保管が誤り。日差しや湿気は DVD などの記録媒体を劣化させるため，極力これらを避けることが望ましい。

③ 長期間のデータ保存が可能，高頻度で書き換わるバックアップを数百年単位で保管が誤り。SD カードなどのフラッシュメモリは，長期間のデータ保存や，高頻度で書き換わるデータの保存には向かない記録媒体である。

問 41

正解　③

解説

⓪　オープンソース（open source）の説明。「プログラムの元になるテキスト」をソース（source，sauce ではないので注意）といい，ソースを一定の条件のもとで公開（open）にすることをオープンソースという。

①　オープンアクセス（open access）の説明。学術論文が掲載される論文誌は，多くが購読料を支払わないと閲覧できないようになっている。近年では購読料の高騰により購読料を支払えない大学が増えていることが問題となっており，学問の健全な発展を阻害する要因になっているという指摘がある。そのため，誰でも学術論文にアクセスすることができるよう，論文をオンラインで公開（open）する論文誌や学会が登場しており，これをオープンアクセスという。

②　オープンフォーマット（open format）の説明。以前は特定の企業などが提供するソフトウェアでしか使用できない独占的なファイル形式（file format）が多く，高額な料金を払ってソフトウェアを購入しないとファイルを開くことができなかったり，企業がソフトウェアの提供を終了することでファイルを開く手段がなくなったりすることが問題となっていた。そのため，ファイル形式の仕様を公開（open）し，仕様に従って処理すればどのソフトウェアでも利用できるファイル形式が登場している。

③　オープンデータ（open data）の説明。オープンデータは「自由に使えて再利用もでき，かつ誰でも再配布できるようなデータ」（OPEN DATA HANDBOOK）である。

問 42

正解　⓪

解説

 ⓪　Open Knowledge Foundation による「オープン」の定義である。

 ①　<u>データに偏りがなく，真正で誤りのないデータ</u>が誤り。オープンであるとはあくまで公開されているだけであり，そのデータが正しいことや，偏りがないことは保証されない。

 ②　<u>データを使用すると心身の安全が脅かされるなどの脅威がなく，安心して利用できる</u>が誤り。オープンデータは，違法に入手したデータや身の危険を冒して入手したデータではないので「安心して利用できる」のは確かだが，これは「オープン」であるという性質からくる帰結であり，「オープン」の直接的な説明ではない。

 ③　<u>データを独占的に使用できる権利を獲得可能</u>が誤り。「オープン」であるので，誰かがデータの使用権を独占することはない。

問 43

正解　②・③

解説

 ⓪　信用情報の説明であるが，信用情報は本人や信用情報機関に加盟する関係者以外には，原則として開示されない。

 ①　戸籍に関する情報は，本人や家族，請求する権限と理由がある専門家以外には開示されない。なお，戸籍に関する証明書には，戸籍に含まれる全員分の事項が記載された戸籍全部事項証明書（いわゆる「戸籍謄本（とうほん）」）と，戸籍に含まれる特定の人物の事項が記載された戸籍個人事項証明書（いわゆる「戸籍抄本（しょうほん）」）がある。

 ②　登記に関する情報は，その土地や建物の関係者でなくても，誰でも法務局で請求可能である。

 ③　各種の地理情報は，国土地理院の Web サイトなどで誰でも閲覧可能である。

5　データベース

問 44

正解　④

解説　[A] は，表に新しい行を加える操作であるので「挿入」が入る。[B] は，イベントへの参加の自体に伴ってその参加者の行を除く操作であるので「削除」が入る。[C] は，登録情報の修正に伴い該当する値を書き換える操作であるので「更新」が入る。

問 45

正解　⑤

解説　A は，表から特定の列のみを抽出する操作なので「射影」である。B は，表から条件を満たす行のみを抽出する操作なので「選択」である。C は，2 つの表を 1 つの表にする操作なので「結合」である。

問 46

正解　③

解説　関係データベースの表に対して行う操作と，その操作を行う SQL 文の対応は，次の表のとおりである。射影・選択・結合については，いずれも SELECT 文の機能として定められている。

操作	SQL 文
表の作成	CREATE 文
表の削除	DROP 文
表への行の挿入	INSERT 文
表からの行の削除	DELETE 文
表の行の更新	UPDATE 文
表の特定の列の射影	SELECT 文
表の行の選択	SELECT 文
表の結合	SELECT 文

問 47

正解　①

解説　2 つの関係表を結合するとき，共通する属性である「利用者 ID」の値が同じ行が仮想表では 1 つの行になると考える。①の「貸出」の表では「請求記号」が「0552817485」である行の「利用者 ID」は「05376」となっている。「利用者」の表で「利用者 ID」が「05376」となっている行の「氏名」は「村井 理乃」であるが，「氏名」と思われる列の値は「小川 啓一」となっており，仮想表の行と一致しないので，①は誤り。

問 48

正解　⓪

解説　「貸出」の表では「請求記号」が「0552817485」「0928572943」「0615382658」の行については，「貸出日」は 2023 年 1 月 21 日以降であるため，これらは選択後の仮想表に含まれる。「0194029412」については，「貸出日」が 2023 年 1 月 20 日となっており，選択時の条件を満たさないため，仮想表に含まれない。

問 49

正解　②

解説　本問の操作は「利用者」の表から「利用者 ID」と「住所」の列を取り出す操作であるが，「小川 啓一」という値は「氏名」の列にある値であるため誤り。

6 情報システムとそのサービス

問50

正解　②

解説　POS（Point of Sale）システムは，小売店において品物が販売された時点の情報を管理するシステムである。そのため，商品の在庫管理や販売状況の把握，配送スケジュールの策定などに活用されているが，決済を担うシステムではない。

問51

正解　ア ②・イ ①・ウ ⓪・エ ③

解説　信用情報は「利用者又は購入者若しくは役務の提供を受ける者の支払能力に関する情報」（割賦販売法第35条の3の41）であり，クレジットカードの利用額の支払状況や，家賃や奨学金・借金などの支払の延滞状況などからなり，信用情報機関が管理している情報である。個人がクレジットカードの発行や賃貸住宅の契約，ローンの契約などを行うときには，業者が信用情報機関に対して信用情報の照会（情報を提供するよう問い合わせること）を行い，提供された信用情報などを元に審査を行い，支払能力があるかを判断する。支払能力に問題はないと判断されればクレジットカードの発行や物件の契約などがなされるが，問題があると判断された場合は，これらのサービスの提供を拒否される。以上の流れを踏まえて，空欄に当てはまるものを選べばよい。

問 52

正解 ②

解説 日本では,一般的な二次元コードとして QR コードが普及しているが,「QR コード」は登録商標であることと,QR コード以外にも二次元のコード規格が存在することから,一般的には「二次元コード」と呼ばれる。

⓪ 二次元コードを用いた決済には,ストアスキャン方式とユーザースキャン方式と呼ばれる方式がある。

① 二次元コードを用いた決済は,双方がスマートフォンや二次元コードを印刷した紙を用意していれば利用可能であり,普及しやすい方法であった。この特性に加えて,決済業者が手数料を値引きしたり,大規模な普及キャンペーンを展開したことが,二次元コード決済が普及する要因となっている。二次元コードを用いた決済の登場以前にも,Felica を用いる電子マネーや交通系 IC が存在しており,電子的な決済手段は存在した。Felica を用いた決済は高速で利用者にとっては簡便であるが,受け取り側に Felica に対応した専用端末が必要であり,小売店に普及させる上での障壁となっていた。

② 二次元コード決済は,物理的な紙幣や硬貨をスキャンしてチャージして使うものではない。

③ キャッシュレス決済の特徴として,支払いの場で現金をやり取りする必要がないため,後払いの機能を実装することが容易だというものがある。後払いはクレジットカードなどでも利用できるが,二次元コードを用いた決済のうちにも,後払いを利用可能なものがある。

問 53

正解　③

解説　⓪ 〜 ② は，ネットワークでの通信とは無関係の，経営やマーケティングに関する用語である。

⓪　B2B（Business to Business）は，企業などの法人間での取引のことである。企業向けの製品やサービスを提供する企業などが，B2B のサービスを提供している法人である。

①　B2C（Business to Customer）は，企業などの法人と，消費者の間の取引のことである。消費者向けの製品を製造したりサービスを提供したりする企業などが，B2C のサービスを提供している法人である。

②　C2C（Customer to Customer）は，消費者間での取引のことである。個人間での直接的な送金や売買などが，C2C の取引にあたる。

③　P2P（Peer to Peer）は，ネットワーク上の端末同士で直接接続して構築されるネットワークや，そのための通信方式のことである。サーバ・クライアントモデルのような，一方的にサービスを提供するサーバとサービスを受け取るクライアントという関係性とは異なり，P2P ではすべての端末が対等な立場でネットワークを形成する。一般的には，OS の更新プログラムもサーバ・クライアントモデルで提供されることが多いが，更新プログラムを提供する特定のサーバへの負荷を避けるため，更新プログラムを既に保持しているネットワーク上の他の端末から更新プログラムを受け取る，P2P 型のモデルが使われることもある。

問 54

正解　87.5（%）

解説　1 日は 24 時間で，修理時間は 3 時間なので，システムが動作していた時間は 24-3=21 時間である。24 時間のうち 21 時間動作していたことから，稼働率は $\frac{21}{24}=\frac{7}{8}=0.875=$ 87.5% となる。

問 55

正解　⓪

解説　稼働率は対象とする時間と，その時間のうちでシステムが動作している時間の比である。動作している時間（MTBF）と修理している時間（MTTR）を合わせると，対象とする時間になるので，稼働率は次の式で表せる。

$$稼働率 = \frac{MTBF}{MTBF+MTTR}$$

問 56

正解　②

解説　設計上は，まずフールプルーフを考慮して問題を予防した上で，それでも問題が生じたときにも動作が継続できるよう，フォールトトレランスになるようにしておき，何らかの対処が必要なときにも，フェイルセーフになるようにしておくとよい。

⓪　フールプルーフ（foolproof）は，ものやサービスの設計において，使い方を分かっていない使用者（fool）が誤った使い方を行うことに耐えうる（proof）ようにすることである。ヒューマンエラーがあったとしても，危険な状態に陥らないようにすることである。

①　フェイルセーフ（failsafe）は，ものやサービスの設計において，誤動作や誤操作などで故障（fail）したとしても，安全（safe）が確保されるようにすることである。

②　フォールトトレランス（fault tolerance）は，ものやサービスの設計において，一部の部分が故障（fault）したとしてもその故障を許容（tolerance）し，継続して動作できるようにすることである。継続動作のための方法の一つは，故障が生じうる部分を並列化して冗長化を図ることである。

③　フィードバック（feedback）は，システムが次の時点でよりよい出力を行えるように，ある時点のシステムの出力に対して評価や修正を行い，その結果をシステムへの入力として与えることである。

問 57

正解　③

解説

⓪　量子化は，音のデジタル化において，標本値を特定のビット数で表すために近似することである。

①　符号化は，何らかの規則（符号）に基づいて，あるものを別のものに変換することである。

②　直列化は，単に並列な部分をなくして逐次実行にすることを指す場合と，オブジェクト指向プログラミングなどで複雑な構造のデータを単純なデータに変換することを指す場合があるが，いずれも本問の文脈には適さない。

③　冗長化は，システムの一部を並列化して予備の系統を作るなどして余分な部分を作っておき，故障が生じて主系統が使用できなくなった場合には予備系統に切り替えることで，動作を継続できるようにすることである。

7　データの表現

問 58

正解 ②

解説　質的データは，分類や比較はできるが数値化して演算を行うことはできないデータであり，定性データや定性的なデータともよばれる。尺度水準では，名義尺度と順序尺度のデータが質的データである。

⓪　人数は比率に意味があり，「A 高校の生徒数は B 高校の 2 倍」という表現に意味があるので，比例尺度である。

①　株価の終値は比率に意味があり，「企業 A の終値は企業 B の 2 倍」という表現に意味があるので，比例尺度である。

②　文章はそれぞれを区別することは可能だが，数値化して演算を行うことはできないので，質的データである。

③　バスの本数は比率に意味があり，「路線 A のバスの本数は路線 B の 2 倍」という表現に意味があるので，比例尺度である。

問 59

正解　①

解説

⓪　「摂氏の気温」は，差には意味があるが，比率には意味がない。「30 ℃ は 15 ℃ の 2 倍暑い」とはいえないため，間隔尺度である。

①　「税収額」は比率に意味があり，「A 町の税収は B 町の 2 倍」という表現に意味があるので，比例尺度である。

②　「順位」は大小比較をすることはできるが，差には意味がない。「1 位の受験者と 2 位の受験者の差」と「21 位の受験者と 22 位の受験者の差」は同じとはいえない（得点差が異なるため，「同程度の差」とはいえない）ので，順序尺度である。なお，「各受験者の得点」は比例尺度である。

③　「星座」はそれぞれの星座を区別することはできるが，順序で並べることはできないため，名義尺度である。確かに星座は誕生日順に並んではいるが，通常は星座を整列して扱うわけではないため，順序尺度ではない。なお，「各従業員の誕生日」は間隔尺度である。

問 60

正解　① ・ ②

解説　間隔尺度のデータでは，名義尺度・順序尺度のデータに対して意味を持つ「同値関係」や「順序関係」に加えて，2つのデータの差にも意味がある。

問 61

正解　⓪

解説

⓪　名義尺度のデータでは，あるデータと別のデータが同じかどうかという「同値関係」が意味を持つ。同値関係は等号で表せる。

①　順序尺度のデータでは，あるデータが別のデータより大きいかどうかという「順序関係」が意味を持つ。順序関係は不等号で表せる。

②　間隔尺度のデータでは，あるデータと別のデータの差が意味を持つ。差は減算の結果として求められる。

③　比例尺度のデータでは，あるデータと別のデータの比が意味を持つ。比は除算の結果として求められる。

問 62

正解　①

解説

⓪　アナログ・デジタルは古いか新しいかの違いではない。

②　アナログ・デジタルと質的・量的かは関係がない。

③　アナログ・デジタルと正確か近似かは関係がない。なお，デジタル化（AD 変換）はアナログデータを近似して離散的なデジタルデータに変換する操作，DA 変換はデジタルデータを補完して連続的なアナログデータにする操作だといえる。

問 63

正解　②

解説

⓪　電子マネーの残高は整数値で表されるので，デジタルデータである。

①　硬貨は額面の金額が定まっており，通常は硬貨を分割することはできない。そのため，合計金額は自然数で表されるので，デジタルデータである。

②　日時計が示す時刻は，時間の経過に従い連続的に変化するのでアナログデータである。

③　ビー玉は通常分割できないものであり，ビー玉の個数は自然数となる。そのため，ビー玉の個数はデジタルデータである。

問 64

正解　②

解説　DVD は CD やブルーレイディスクと同様に，音声や映像がデジタルデータとして記録されている。

問 65

正解　⓪・①

解説　自然数・整数・有理数は離散値であるが，無理数や実数は連続値である。

問 66

正解　⓪・③

解説　「活用例」というからには，何かしらの用途に使っている例である必要がある。クラウド上にアップロードしたり，バックアップをとったりするだけでは，保管されるだけで何の処理もされないので，活用例とはいえない。

8　データの収集と整理

問67

正解　②

解説

⓪　5件法は段階を問う設問に対して，「そう思う」「どちらかといえばそう思う」「どちらともいえない」「どちらかといえばそう思わない」「そう思わない」のような5個の選択肢を置く方法である。選択肢が奇数個であるため，「どちらともいえない」のような中立の選択肢が用意される。5件法では，回答者が中立の立場でも容易に回答できるという利点があるが，中立の選択肢に回答が集まり傾向を分析しづらくなってしまう可能性が高いという欠点もある。

①　自由記述式の回答は，回答者が自由に記入できる記入欄を設けて回答させる形式である。多様な回答が集まることが期待されるという利点があるが，選択肢式の設問と異なり，集まった回答を数値的に分析するのが難しいという欠点もある。

②　4件法は段階を問う設問に対して，「そう思う」「どちらかといえばそう思う」「どちらかといえばそう思わない」「そう思わない」のような4個の選択肢を置く方法である。選択肢が偶数個であるため，選択肢は必ずどちらかの立場に寄ったものとなる。4件法では，回答者が中立の立場でもどちらかの立場になるため，分析を行うと明確な傾向を見出しやすいという利点があるが，中立の立場である回答者が回答しづらくなるという欠点もある。4件法の選択肢は順序尺度のデータにする必要があるため，血液型のような名義尺度のデータに使うのは不適である。なお，そもそも血液型は，A，B，O，ABの4分類でいいのか異論があったり，自身の血液型を知らない人がいたりするので，選択式の設問とする場合にも配慮が必要になる。

③　回答が「はい」「いいえ」のいずれかになる場合は，自由記述式ではなく選択式の設問を用いるとよい。

問 68

正解　①

解説

⓪　「最近，スマートフォンを使った事件や事故が多発しており，スマートフォンを使用することは危険ではないかといわれています」「絶対に安全だと思っていますか？」のように，スマートフォンの使用が安全ではないという回答に誘導しようとする文言が含まれており，適切でない。

②　「どう思っていますか？」のように漠然とした文言を用いることは，回答者が何を答えればよいかが分かりづらくなるため，適切でない。

③　「犬や猫などのペット」に癒し効果があるかどうかと，「スマートフォンやパソコンなどの電子機器」に癒し効果があるかどうかに対して回答者が異なる意見をもつ場合にも，回答欄が一つしかなく，適切でない。例えば，「ペットには癒し効果がある」と思っているが，「電子機器には癒し効果がない」と思っている回答者は，この設問にどう回答すればよいか分からず困ってしまう。このように，1つの設問で2つの事項を問う設問を「ダブル・バーレル質問」といい，不適切な設問の例とされる。なお，厳密に言えば「犬には癒し効果がある」と思っているが，「猫には癒し効果がない」と思っている回答者がいる可能性もあるため，「犬や猫など」「スマートフォンやパソコンなど」という部分も，1つの設問にしてよいか，注意深く検討する必要がある。

問 69

正解　②

解説

⓪　ドロップダウンリストは，回答欄を選択すると選択肢が記されたメニューが現れ，その選択肢のうち一つを選ぶパーツであり，単一回答の設問に用いられる。なお，似たものにリストボックスがあり，リストボックスは複数回答の設問でも用いることができる。

①　ラジオボタンは，複数の選択肢が併置されており，その選択肢のうち一つを選ぶパーツであり，単一回答の設問に用いられる。

②　チェックボックスは，複数の選択肢が併置されており，その選択肢のうちいくつかを選ぶパーツであり，複数回答の設問に用いられる。

③　プルダウンメニューは，ドロップダウンリストの別名である。

第4章

問 70

正解　③

解説　オープン・クエスチョン（open question，開いた質問）は，回答内容を制限せず，回答者に自由に答えさせる質問形式である。一方，クローズド・クエスチョン（closed question，閉じた質問）は，回答者に「はい」か「いいえ」かで答えさせるというように，回答者の回答内容を制限する質問である。質問紙や Web フォームを用いるアンケート調査の回答形式と対応付けると，オープン・クエスチョンは自由記述式に対応し，クローズド・クエスチョンは選択肢式に対応するので，対応関係を意識して整理して理解するとよい。

⓪　オープン・クエスチョンは自由記述式の設問と同様に，回答者の自由な回答を期待できる。

①　面接調査では質問紙調査と異なり，回答者の回答が質問の趣旨からずれていると感じた場合には，言い方を変えるなどして，再度，回答者に同じ質問を行えるという特徴がある。特にオープン・クエスチョンの場合は，質問者の説明不足や質問時に使う言葉の選択ミス，回答者の誤解やその場の文脈などにより，回答者が質問者の想定とは異なる回答をする可能性があるため，必要に応じて再質問することが重要である。

②　クローズド・クエスチョンは選択肢式の設問と同様に，提示する選択肢の選定に注意が必要である。なお面接調査では，提示された選択肢が不適切だと回答者が感じた場合には，質問者に質問内容や回答の選択肢について聞き直してくる場合もある。

③　面接調査では基本的に対面で行い，質問の伝達は口頭で行われるため，選択肢が多すぎると回答者が覚えきれなくなってしまう。多数の選択肢を提示する必要がないよう，選択肢を絞り込むための質問を行ったり，質問形式をオープン・クエスチョンに変えたりする，といった修正を行うとよい。

問 71

正解　⓪

解説　フィールドワークや実験もデータを収集する方法であるが，対象は人間とは限らず，自然や化学反応などを対象とする場合も多い。また，回答者の回答をデータとするのではなく，観察者が対象を直接観察してデータを収集する点が，アンケートや面接などの調査方法とは異なる。

⓪　フィールドワークや実験について，記録ノートを元にしてレポートや報告書を書いたとしても，一次データは記録ノートである。このノートの記述がレポートや報告書の根拠となるため，レポートや報告書を執筆・提出し終えた後も，記録ノートを保管し続ける必要がある。

①　フィールドワークや実験では，観察者が対象に対して影響を及ぼしてしまうと観察結果が変わってしまう。観察者の存在や言動が対象に影響すると，本来の状態とは異なる観察結果になってしまう可能性があるため，対象に対して及ぼす影響は最小限にする必要がある。対象の人々と直接触れ合うことが多いエスノグラフィーのような手法では特に，この点に注意が必要である。

②　フィールドワークや実験により得られた結果は，厳密に論理的に証明された結果と比べ，第三者が同じ内容を再現することが難しくなる傾向にある。そのため観察時には，同じ状況を再現すれば同じ結果が得られるように，観察時にはその場の状況などを丁寧に記録しておく，記録ノートは整理して保管し，証拠能力を高めておくなどの取り組みが必要である。

③　室内で行う実験であっても，薬品や火気などによる事故が生じる可能性があるため，実験の性質を考慮した適切な服装で行う必要がある。

第4章

問72

正解　⓪・②

解説　スクレイピングそのものは日本の法律では問題ない行為であるが，実施の方法や収集したデータの利用方法によっては，違法であったり，収集先に損害を与えることになったりする可能性があるため，実施時には注意が必要である。

⓪　スクレイピングはプログラムを用いて自動的に行えるため，接続間隔を配慮しなければ，1秒間で大量のアクセスを試行することがある。このような高頻度のアクセスはDoS（Denial of Service）攻撃にあたり，収集先のサーバから接続を拒否されたり，サーバ管理者から苦情を受け賠償を求められたりする可能性がある。

①　スクレイピングにより収集したデータは，接続先のWebサイトの運営者や，そのサイトに文章などを投稿した投稿者の著作物であることが多い。そのため，私的な複製の範囲を超えた利用については，注意が必要である。

②　スクレイピングする対象のコンテンツは著作物である可能性が高いため，著作権に配慮することに加え，運営者が利用上のルールを定めていれば，それに従うべきである。通常のWebサイトは，利用規約に同意しなくても閲覧やダウンロードを行える場合が多いため，著作権法における権利制限の範囲内であれば，スクレイピングを行うことは問題ない。だが，明確にスクレイピングを禁止しているサイトに対してスクレイピングを行うことは，民事訴訟などのリスクがある行為であり，避けるほうがよい。

③　スクレイピングを行うプログラムは収集者側で動作するため，収集先のWebサーバで動作する言語以外も使用可能である。

問 73

正解　②

解説

⓪　JSON は，JavaScript などで使われるデータ記述用の形式である。Web API で出力されたデータが JSON 形式になっていることが多いが，JSON は「機能の名称」ではない。

①　XML も，Web API の出力形式として使われることが多い，データ記述用の形式である。そのため，XML も「機能の名称」ではない。

②　API（Application Programming Interface）は，他のアプリケーション（プログラム）との間でデータをやりとりできるように定義され，仕様が公開されたインタフェースである。通常の API は関数などの形で定義され，他のプログラムから引数付きで呼び出されることが多いが，Web サービスが提供する Web API の場合は，URL に引数を含め，その URL のデータとして出力が返されることが多い。

③　OAuth は Web API の認証で使われる方式の一つであり，「機能の名称」ではない。

問 74

正解　③

解説　収集したデータには，形式の不統一や表記のゆらぎなどがあり，そのままでは分析のための処理が難しい場合がある。このような場合には，本質的な処理を行う前段階として，データの前処理（preprocess）を行う必要がある。

⓪　半角・全角の英数字が実質的に同じものだと考えられる場合は，前処理段階で表記を統一しておく方がよい。

①　データの前後にある空白や改行が余分なものだとみなされる場合は，前処理段階でこれらを削除しておくとよい。

②　西暦と和暦を区別する必要がないと考えられる場合は，前処理段階で表記を統一しておくとよい。

③　「似た内容のデータ」が多いということは，同種の意見が多いということである。データを分析する場合に多数意見が削除されていると，本来の結果とは異なる結果になる可能性があるため，注意が必要である。

第4章

9　データの分析と評価

問 75

正解　アイ　30・ウエ　12

解説　中央値・最頻値を求めるためには，まずデータを小さい方から順に並べる方がよい。与えられた点数データを昇順に整列すると「11，12，12，17，23，37，44，50，76，80」となる。

- ●中央値：データが 10 個あり偶数なので，中央値は 5 番目と 6 番目のデータの平均となり，$\frac{23+37}{2}=30$。

- ●最頻値：12 のみ 2 回現れ，その他は 1 回しか現れないので 12。

問 76

正解　②

解説

- ⓪　データを昇順に並べたとき，最小値は最初の値，中央値は中央の値（データの個数が偶数であれば中央の 2 つの値の平均），最大値は最後の値である。

- ①　範囲（range）は最大値と最小値の差である。

- ②　中央値は「昇順に並べたときの中央の値」，最頻値は「データの中で最も頻繁に現れる値」であり，これらの値の間には直接的な関係はない。例えば，「2，2，3，4，5，6，7」であれば，中央値は 4，最頻値は 2 であるが，「1，2，3，4，5，6，6」であれば，中央値は 4，最頻値は 6 である。

- ③　分散は標準偏差の 2 乗である。

問 77

正解　①

解説

⓪　棒の途中部分を省略して表記してもよいが誤り。前半にあるように，棒の長さで量の大小を表すため，途中に省略部分があると，棒同士の比率が崩れてしまい，適切でない。

①　折れ線グラフは量の大小ではなく量の変化を表すため，折れ線と関係がない部分については省略して表記することが可能である。棒グラフとは表すものが異なるので，違いに注意すること。

②　3D 化して円柱形にしてもよいが誤り。円柱形に 3D 化すると，全体が円ではなく楕円になる。また，3D 化により円柱の側面部分も描かれるようになるため，手前部分にある扇形が側面部分まで伸びているように見えるようになる。これらから，適切な比率が維持されないため，適切でない。

③　一部の軸の途中部分を省略してもよいが誤り。レーダーチャートでは，正多角形が描かれるときには，全体がいびつでないということを意味する。そのため，一部の軸を省略すると，正多角形が描かれるときにもいびつさが残ってしまうため，関係性を正しく読み取ることが難しくなり，適切でない。ただし，すべての軸の同じ部分を省略すると，このような問題はなくなる。

問 78

正解　①

解説

⓪　比率を表すので，帯グラフや円グラフを用いる。

①　時系列の変化を表すので，折れ線グラフを用いる。

②　人数の多寡を表すので，棒グラフを用いる。

③　得点の多寡を表すために棒グラフを用いるか，科目間のバランスを表すためにレーダーチャートを用いる。

第4章

問79

正解 ⑦

解説 B2セルには，A2セルの「1」とB1セルの「1」の積を求める式を書くので，「=A2*B1」という数式を入力することが考えられるが，この式のままでは表計算ソフト上でのコピーが難しい（何が問題なのか分からない場合は，フィルハンドルなどを用いて，各自でコピーを試すこと）。今回の場合，B2セルの式を下方向や右方向にコピーするが，コピー機能を効率的に使うためには，「$」を用いてセルの絶対参照を行う必要がある。まず，下方向にコピーすることを考えると，コピー先の数式では，「A2」や「B1」の「2」や「1」という行の指定が下方向にずれていく。「A2」の「2」は下方向にずれても問題ないが，「B1」の「1」が下方向にずれると，1行目にある数値ではなく2行目以降の数値を参照するようになってしまう。そのため，「1」の前に「$」が必要である。同様に，右方向についても考えると，「A」の前にも「$」が必要である。ここから，正しい数式は「=$A2*B$1」だと分かる。以上の説明を読んでも何が何やら…という場合は，実際の表計算ソフトを使い，選択肢にあるいろいろな数式を試してほしい。

問80

正解 ③

解説 総和を求める関数はSUM関数である。「sum」は「和」という意味である。ここでは，B2セルからJ2セルまでの値の和を求めるので，SUM関数の引数として，範囲を表す「:」で2つのセルをつなげた「=SUM(B2:J2)」が正しい数式である。なお，AVERAGE関数は平均，MAX関数は最大値を求める関数である。関数名を丸暗記するよりも，英単語の意味と関連付けて覚える方が効率的である。

問81

正解 ②

解説 前問と同様に，B2セルからB10セルまでの値の和を求めればよい。なお，K11セルに九九の総和を求める数式を入力するときには，「=SUM(K2:K10)」「=SUM(B11:J11)」「=SUM(B2:J10)」のいずれも使用可能である。

問 82

正解　ア ④ ・ イ ② ・ ウ ①

解説　本問で求めている T_i は，TF（term frequency）という値である。まず，問題の指示通りに，まともに T_i を求めることを考える。表中の数値は，各文書中の各単語の出現回数であるから，文書 1 の場合，単語 apple が出現する回数は 1，単語 dog が出現する回数は 5，というようになり，合計で $1 + 5 + 2 + 4 + 7 = 19$ 語からなる文書であることが分かる。単語に上から順に番号を振ると考え，apple を t_0，dog を t_1 と考えると，文書 1 の場合は，$f_0 = 1$，$f_1 = 5$ というようになる。従って，文書 1 では $T_0 = \frac{1}{19}$，$T_1 = \frac{5}{19}$，$T_2 = \frac{2}{19}$，$T_3 = \frac{4}{19}$，$T_4 = \frac{7}{19}$ となり，T_4 の値が最も大きい，つまり，単語 the の重要度が高いと分かる。上記のように，まともに T_i を計算してもよいが，T_i の分母の値は常に「その文書の語数」であるから，同じ文書であれば，どの単語の T_i も分母部分は同じになる。これに気づけば，分子の部分（f_i）の値だけ考えればよいと分かるので，単純に，表の各列中で出現回数が多い単語を選べばよいと分かる。

第4章

問 83

正解　③

解説　TF の値のみで単語の重要度を測る方法にはどのような問題点があるかを考察して回答するとよい。なお，TF を発展させた方法には TF・IDF などがあり，情報検索における古典的な方法として知られている。

⓪　TF 値を求める際に文書中の単語の総数で割ることで，単語が出現する比率を求めているので，単語数が多い文書でも問題はない。

①　出現しない単語については，f_i の値が 0 になり，T_i も 0 となる。TF の定義に従って値を求めること自体は可能である。

②　文書1では apple の TF 値（T_0）は $\frac{1}{19}$，文書2では $\frac{3}{17}$ となり，文書2の方でより高頻度に apple が登場することが分かるため，文書2の方が apple の重要度が高い，と分析することができる。

③　表中の「the」のように，どんな英文にも頻出する単語は，英文の内容を分析する上では特段重要な語でない。だが，このような単語は出現頻度が高くなってしまうため，この方法では適切に重要度を求めることができない。例えば，前問で文書1では単語 the の重要度が高いと分かったが，ここから何か有益な知見が得られるかといえば，あまり得られるものはない（ただし，文書1がどの言語で書かれたか分からないという状況であれば，文書1で単語 the が高頻度で現れるということは，文書1が英語で書かれていることの有力な根拠となる）。

問 84

正解　③

解説　近似して求めた直線は回帰直線と呼ばれており，データの関係性を直線的に推測したものである。年間降水量は y 軸の値であるから，$y = 2000$ を代入した $2000 = 84.849x + 347.62$ を解くと，$x = 19.47\cdots$ となる。ただ本問では，図を用いるとわざわざ計算を行う必要はない。直線上で縦軸が 2,000 mm となるところの横軸の値を見れば，20℃ に近いところであるので，③ が正しいと分かる。